SUMÁRIO

1 INTRODUÇÃO

Para orgulho de nossos filhos, nosso país se consolidou no cenário internacional como potência petrolífera com reservas de óleo e gás por muitos anos e um invejável corpo técnico de profissionais capazes de projetar e operar as instalações petrolíferas, além de ensinar as novas gerações de engenheiros e técnicos o trabalho de exploração, produção, refino, transporte e distribuição dos produtos dessa indústria.

Dentro de um contexto de evoluções tecnológicas, cujo fluxo cria novas técnicas, que reorganizam o trabalho do petroleiro em uma velocidade maior que a legislação pode acompanhar, as relações de trabalho ensejam nosso foco para identificar, correlacionar e produzir conhecimento útil para o pensamento jurídico. Nossa reflexão gira em torno do regime de trabalho do petroleiro em turnos ininterruptos de revezamento em plataformas. O diploma legal pertinente para a construção central de nosso texto remonta de 1972: a lei nº 5.811.

A lei nº 5.811/72 se aplica aos trabalhadores em plataforma petrolífera, que realizam um trabalho atípico e sujeito a condições adversas de trabalho. Isso exige um tratamento da lei diferenciado comparado ao trabalhador comum, em razão da impossibilidade de interrupção das atividades, da especialização necessária para atuação nas plataformas, do trabalho confinado, da dificuldade de locomoção para terra, da ausência do convívio familiar por vários dias seguidos, do elevado risco à segurança do trabalhador, da necessidade do empregador de desenvolver sua atividade produtiva fundamental para economia do país, entre outras questões merecedoras de citação.

A jurisprudência atual vem tratando a aplicação da lei nº 5.811/72 como cabível para o regime em plataformas, concordando com sua constitucionalidade e reconhecendo nessa legislação especial um equilíbrio entre desvantagens e vantagens para o trabalhador submetido a esse regime especial de trabalho.

Entre as hipóteses que pretendemos levantar neste trabalho esta a possibilidade de considerar a aplicação da lei nº 5.811/72 com outras normas constitucionais e infraconstitucionais, a fim de formar um subsistema normativo lógico que pode ser aplicado aos casos concretos. Para tal análise, vamos verificar os julgados dos principais tribunais do país e inferir, a partir dessa jurisprudência, as teses principais de aplicação conjugada da lei nº 5.811/72.

Outra hipótese plausível é verificar a incompletude da legislação em tela para tratar dos casos a que se destina, de forma a tornar a prestação jurisdicional insuficiente para o jurisdicionado, que busca a justiça como caminho natural para equilibrar sua relação com o empregador.

Para ambos participantes da relação trabalhista é possível visualizar uma insuficiência de regulamentação que impede um maior grau de segurança jurídica, o que é necessário nas relações das empresas com seus empregados.

Vamos descortinar o entendimento jurisprudencial dos tribunais trabalhistas e trazer suas convergências e divergências, o que corrobora para o esclarecimento das hipóteses configuradas e de outras que venham a ser formuladas durante o trabalho de monografia.

Finalmente, abrimos a reflexão com o pensamento kantiano que o ser humano é dotado de autonomia racional[1] e que não deve ser usado como objeto na relação pessoal com outrem. Projetando esse pensamento nas relações trabalhistas, deve se configurar parâmetros dignos para que a relação seja conduzida sobre valores humanos. Destarte, permita-se uma valorização do obreiro de tal forma que alcance seu fim natural: a realização de sua própria felicidade.

---

[1] Disponível em: <http://jus.com.br/revista/texto/7069>. Acesso em: 10 de Junho de 2012.

2 DO TRABALHO EM PLATAFORMAS

A necessidade de aproximação do operador jurídico da realidade sob o qual desenvolve seu trabalho justifica essa apresentação do trabalho em plataformas. Portanto, apresentamos a rotina do petroleiro em uma plataforma.

2.1 A ROTINA DO TRABALHADOR EM PLATAFORMA

O petroleiro se desloca para o aeroporto[2], onde está a programação de embarque, que a logística disponibiliza no mural. A programação contém o destino (plataforma), o horário, o número do vôo e a companhia aérea. O petroleiro espera, então, a chamada para o *check in*, quando é feita a pesagem do colaborador, da bagagem e realizada a vistoria na bagagem. Após isso, aguarda-se a chamada para o *briefing*, que consiste em assistir um vídeo sobre o tipo de aeronave da viagem até a plataforma e procedimentos em caso de pouso no mar. Finalmente, espera-se a chamada para o embarque.

Quando chega na unidade (plataforma), o petroleiro é encaminhado para a recepção, onde recebe uma ficha para preenchimento de dados pessoais e um cartão "T", que deve ser guardado em um escaninho, referente ao seu ponto de reunião. Ocorrendo um sinistro na plataforma deve se deslocar para esse ponto o mais rápido possível. No cartão "T" consta, também, seu camarote e o leito em que passará os 14 dias na unidade.

Adicionalmente, há o *briefing* de chegada, que contém a palestra com o geplat (gerente da plataforma), um vídeo sobre a plataforma e os direitos e deveres do petroleiro embarcado. Em geral, na sequência, um mestre de cabotagem apresenta a localização dos

---

[2] Disponível em:<http://unbcoffshore.blogspot.com.br/2011/03/como-e-vida-em-uma-plataforma-de.html>. Acesso em 13 de Maio de 2012.

3

principais pontos da plataforma que devem ser conhecidos como: bote de resgate, baleeira, balsa salva-vidas, cabine telefônica, refeitório, camarote, academia e outros.

Após isso, vem o trabalho. Dependendo da empresa, o supervisor vem passar a orientação de como chegar ao local de trabalho e procedimentos. É comum um DDS (Diálogo Diário de Segurança), que é feito todos os dias antes do trabalho. Conforme o trabalho, o petroleiro espera a emissão da PT (permissão de trabalho) para iniciar suas atividades. Essa PT deverá ser lida com atenção e, caso haja divergência, deve-se procurar quem emitiu ou o supervisor.

Na maior parte das plataformas, o horário de trabalho é de 7 da manhã até 7 horas da noite, durante todos os dias da semana. Findo o período de 12 horas, outra turma de trabalho vem substituir a que trabalhou que passa para o descanso, totalizando duas turmas de trabalho por dia para atingir o total de 24 horas do dia. O horário de almoço é variado para não irem todos em um horário somente.

Após um longo dia de trabalho, vem o descanso. O macacão ou uniforme sujo de trabalho se coloca em um saco com o número do camarote, que o responsável pela lavanderia recolhe para retornar limpo. Fica o petroleiro embarcado livre para usar os serviços de academia, internet, telefone, sala de jogos, cinema, quadra de esportes, piscina, sauna, etc. Há, também, os dias de culto religioso. Ocorrem diversas refeições durante o dia e a noite. Com variações de unidade para unidade, normalmente os horários são esses: de 05h30min às 08h00min, café da manhã, de 11h00min às 13h00min, almoço, de 15h00min às 16h00min, lanche, de 17h30min às 20h00min, jantar, de 21h30min às 22h00min, lanche, de 23h30min às 01h00min, ceia e de 02h30min às 03h00min, lanche (os horários podem ser diferentes). Em geral, há uma máquina de café e uma geladeira com sucos, refrigerantes, frutas, biscoitos e iogurtes.

Após os extensos 14 dias de trabalho, é o momento de desembarcar. É necessário ir ao ponto de reunião e tirar o cartão "T" antes de se apresentar na recepção para aguardar o voo. Vale, também, o mesmo procedimento de embarque, é feito o *check in* com uma hora de antecedência do voo de desembarque. Dessa maneira, encerra-se a jornada de um trabalhador em uma plataforma de petróleo.

Na Petrobras, principal empresa produtora de petróleo no Brasil, o empregado trabalha 14 dias e folga 21 dias. Folga maior que a dos trabalhadores terceirizados ou de outras empresas, que trabalham 14 dias e folgam 14 dias. Após o término da folga, o petroleiro retorna para sua rotina de trabalho, deixando para trás amigos, família e situações pessoais.

Vale ressaltar que não é possível embarcar em unidades *offshore* sem o curso de segurança, que consiste em treinamento de combate a incêndio, primeiros socorros, sobrevivência no mar e fuga de plataforma. O treinamento capacita o trabalhador para se comportar em situações de emergência, passando conhecimento de prevenção e combate a situações de risco.

Dependendo do tipo de plataforma e das condições naturais do local de sua instalação, o trabalhador se submete a um menor ou maior balanço produzido pelo mar e pelo clima. Em uma plataforma fixa o trabalhador deve sentir menos o balanço da plataforma, em compensação em outras situações, o trabalhador mesmo no dormitório vai perceber bastante o balanço da plataforma, a ponto de ser difícil ter objetos parados sobre uma mesa.

3 DO TRABALHO EM TURNO

O empregado que presta serviço em atividades de exploração, perfuração, produção, refinação de petróleo, industrialização do xisto, indústria petroquímica e transporte de petróleo com jornadas de 8 e 12 horas em turnos ininterruptos de revezamento fica submetido à lei 5.811/72 e à norma constitucional. A interpretação jurisprudencial que harmoniza os textos legal e constitucional está contida na Súmula 391 do TST.

Iniciamos com a análise da norma constitucional e, após isso, da norma infraconstitucional e da Súmula retromencionada antes de alargar o debate com opiniões doutrinárias e jurisprudenciais. Apesar de nosso foco no trabalho em plataformas, os comentários, que traçamos da lei, são abrangentes e podem englobar outras atividades em regime de turmas de revezamento. O mais importante é detalhar os dispositivos da referida lei para a construção de nosso raciocínio jurídico.

3.1 PREVISÃO CONSTITUCIONAL

Como característica do direito constitucional brasileiro, a proteção aos direitos da pessoa inclui as relações de trabalho tanto do ponto de vista individual como coletivo. Essa proteção positivada na norma hierarquicamente superior, garante com mais solidez os direitos sociais relativos aos trabalhadores, dificultando mudanças radicais do legislador ordinário, o que seria mais simples se essa normatização estivesse regrada, exclusivamente, em textos infraconstitucionais.

Nossa constituição normatiza direitos relativos às condições de trabalho, estabelecendo direitos e deveres entre patrão e trabalhador. Destarte, garante conquistas que não tem um século e equilibra o pacto de trabalho. Esse pacto contém em uma ponta o empregador, parte mais forte na relação, e, na outra ponta, o trabalhador, que pode ser classificado como hipossuficiente, considerando suas vulnerabilidades na relação trabalhista. Nosso interesse é nas limitações das condições de trabalho relativas ao turno de revezamento ininterrupto, típico do trabalho em plataformas.

Sobre o trabalho sob o regime ressaltado, a Constituição Federal de 1988 assim prevê no capítulo de direitos sociais:

> Art. 7º São direitos dos trabalhadores urbanos e rurais, além de outros que visem à melhoria de sua condição social:
>
> **XIV - jornada de seis horas para o trabalho realizado em turnos ininterruptos de revezamento, salvo negociação coletiva;**[3]

---

[3] COSTA, Armando Casimiro, FERRARI, Irany e MARTINS, Melchíades Rodrigues, CLT-LTr 2011. 38ª ed. São Paulo: LTr, 2011, p. 8.

Aplicando uma interpretação literal, concluímos que o trabalho em plataforma é um tipo de trabalho urbano e deve está sujeito à aplicação imediata do inciso XIV, ou seja, jornada de seis horas, salvo disposição diversa contida em acordo coletivo de trabalho.

3.2 O DIPLOMA LEGAL 5.811/72 COMENTADO

O diploma legal de 72 surgiu em plena ditadura militar, época que a liberdade era controlada e os opositores do estado militar eram perseguidos e os petroleiros recebiam um bom salário. Enquanto vigorava um Estado de atos institucionais, o governo sancionou uma lei de 13 artigos para regular o trabalho dos petroleiros e de outros tipos de empregados. Nessa época, o relacionamento de trabalho ainda não tinha atingido o grau que temos hoje com a terceirização e, portanto, tal lei somente alcança o empregado. Comentamos avante cada artigo do referido diploma legal.

> **Art. 1º O regime de trabalho regulado nesta lei é aplicável aos empregados que prestam serviços em atividades de exploração, perfuração, produção e refinação de petróleo, bem como na industrialização do xisto, na indústria petroquímica e no transporte de petróleo e seus derivados por meio de dutos.**[4]

No artigo primeiro encontramos a abrangência da lei para o tipo de empregado. Notamos que adicionalmente ao trabalho do petroleiro (exploração, perfuração, produção e refinação de petróleo e transporte de petróleo e seus derivados por meio de dutos) a lei abarca o empregado na industrialização do xisto e na indústria petroquímica.

> **Art. 2º Sempre que for imprescindível à continuidade operacional, o empregado será mantido em seu posto de trabalho em regime de revezamento.**
>
> § 1º O regime de revezamento em turno de 8 (oito) horas será adotado nas atividades previstas no art. 1º, ficando a utilização do turno de 12 (doze) horas restrita às seguintes situações especiais:

---

[4] COSTA, Armando Casimiro, FERRARI, Irany e MARTINS, Melchíades Rodrigues, CLT-LTr 2011. 38ª ed. São Paulo: LTr, 2011, p. 364.

a) atividades de exploração, perfuração, produção e transferência de petróleo do mar;

b) atividades de exploração, perfuração e produção de petróleo em áreas terrestres distantes ou de difícil acesso.

§ 2º Para garantir a normalidade das operações ou para atender a imperativos de segurança industrial, poderá ser exigida, mediante o pagamento previsto no item II do art. 3º, a disponibilidade do empregado no local de trabalho ou nas suas proximidades, durante o intervalo destinado a repouso e alimentação.[5]

No artigo segundo, nesse regime de turno, o *caput* obriga o empregado a cumprir o dever de permanecer em seu posto de trabalho em regime de revezamento, se isso for necessário para a continuidade operacional. Podemos imaginar o caso de um empregado do turno seguinte se ausentar ao trabalho de operação de uma planta de transporte de óleo. Em razão disso, se torna necessário, por motivo de segurança e continuidade operacional, a presença do empregado, que já cumpriu sua jornada de trabalho em turno, na execução de suas tarefas rotineiras.

O parágrafo primeiro desse artigo determina que o regime de trabalho de revezamento em turno de oito horas está fixado para todas as atividades previstas no artigo primeiro, com exceção das atividades de exploração, perfuração e produção no mar ou em áreas terrestres longínquas ou de difícil acesso, além de atividades de transferência de petróleo do mar, cujo turno pode ser de 12 horas. Para o empregador pode ser mais vantajoso economicamente o turno de 12 horas, pois consegue completar o dia de trabalho com duas turmas de trabalho em vez de três, no caso de 8 horas. Há economia na manutenção de menos trabalhadores, que se esforçam mais passando mais horas em turno. Isso acontece tanto com o gasto com a logística de transporte, hospedagem, alimentação e treinamento como com os custos trabalhistas menores na comparação com o turno com menos horas e, portanto, mais turmas. Porém, fica a indagação: o trabalhador sobre mais estresse de trabalho, estatisticamente, não fica submetido a mais chances de afastamento por motivos de saúde e de se expor a situações de incidentes ou acidentes, o que

---

[5] COSTA, Armando Casimiro, FERRARI, Irany e MARTINS, Melchíades Rodrigues, CLT-LTr 2011. 38ª ed. São Paulo: LTr, 2011, p. 364.

modificaria a equação econômica de aproveitamento do trabalhador para o empregador? Não pretendemos responder a pergunta, mas somente provocar a reflexão.

O parágrafo segundo desse artigo reflete a preocupação do legislador ordinário de proteger as instalações industriais e manter a operação, o que somente é possível com a presença do trabalhador responsável pelas atividades especializadas na planta industrial. Em contrapartida, o trabalhador recebe vantagem financeira como forma de compensar o desconforto de se privar de suas horas de descanso e alimentação, além de ser obrigado a estar nas proximidades da instalação industrial.

> **Art. 3º Durante o período em que o empregado permanecer no regime de revezamento em turno de 8 (oito) horas, ser-lhe-ão assegurados os seguintes direitos:**
>
> I - Pagamento do adicional de trabalho noturno na forma do art. 73 da Consolidação das Leis do Trabalho;
>
> II - Pagamento em dobro da hora de repouso e alimentação suprimida nos termos do § 2º do art. 2º;
>
> III - Alimentação gratuita, no posto de trabalho, durante o turno em que estiver em serviço;
>
> IV - Transporte gratuito para o local de trabalho;
>
> V - Direito a um repouso de 24 (vinte e quatro) horas consecutivas para cada 3 (três) turnos trabalhados.
>
> Parágrafo único. Para os empregados que já venham percebendo habitualmente da empresa pagamento à conta de horas de repouso e alimentação ou de trabalho noturno, os respectivos valores serão compensados nos direitos a que se referem os itens I e II deste artigo.[6]

O artigo terceiro esclarece os direitos do trabalhador em turno de oito horas. Entre esses direitos temos: o pagamento do adicional noturno, o pagamento em dobro da hora de repouso e alimentação suprimida, a alimentação gratuita durante o turno, o transporte gratuito para o local de trabalho e o direito ao repouso de vinte e quatro horas seguidas para cada três turnos trabalhados. No caso de um petroleiro embarcando em um helicóptero para

---

[6] COSTA, Armando Casimiro, FERRARI, Irany e MARTINS, Melchíades Rodrigues, CLT-LTr 2011. 38ª ed. São Paulo: LTr, 2011, p. 364.

uma plataforma, o transporte não gratuito seria algo inimaginável, pois é elemento essencial para esse tipo de atividade. Não seria compatível com o trabalho do petroleiro, esse trabalhador assumir os altos custos de transporte em uma situação como essa. Em minha opinião, a lei vem afirmar o que deve ser uma praxe nesse tipo de relação trabalhista, independente ou não da existência dessa legislação.

Outro ponto para comentar é o período de descanso, fundamental para que o corpo humano tenha seu momento de descanso para novamente ser demandado. Não há possibilidade de alguém trabalhar sobre essas condições sem um mínimo de intervalo para reestabelecimento físico, emocional e social.

O parágrafo único desse artigo traz a questão do pagamento das horas de repouso, alimentação e trabalho noturno, o que respeita o espírito de contrapartida dessa legislação.

> **Art. 4° Ao empregado que trabalhe no regime de revezamento em turno de 12 (doze) horas, ficam assegurados, além dos já previstos nos itens I, II, III e IV do art. 3°, os seguintes direitos:**
>
> I - Alojamento coletivo gratuito e adequado ao seu descanso e higiene;
>
> II - Repouso de 24 (vinte e quatro) horas consecutivas para cada turno trabalhado.[7]

O artigo quarto, em comento, traz os direitos garantidos para o trabalhador em turno de doze horas, que são os mesmos do artigo terceiro para o trabalhador em turno de oito horas com exceção do alojamento coletivo e o repouso aumentado, a fim de contrabalancear com o gasto maior de horas no turno. Enquanto o trabalhador em turno de oito horas descansa vinte e quatro horas seguidas após três turnos, basta um turno de doze horas para o trabalhador alcançar essa quantidade de horas de descanso.

Dentro do ponto de vista do trabalhador, em geral, o turno de 12 horas é mais vantajoso, pois aumenta o tempo de convívio com a família e o período de descanso. Uso a expressão "em geral", porque para um funcionário já não tão jovem, essas quatro horas a

---

[7] COSTA, Armando Casimiro, FERRARI, Irany e MARTINS, Melchíades Rodrigues, CLT-LTr 2011. 38ª ed. São Paulo: LTr, 2011, p. 364.

mais podem ser problemáticas. Vale ressaltar que, em plataformas petrolíferas, o turno é de 12 horas.

> **Art. 5º Sempre que for imprescindível à continuidade operacional durante as 24 (vinte e quatro) horas do dia, o empregado com responsabilidade de supervisão das operações previstas no art. 1º, ou engajado em trabalhos de geologia de poço, ou, ainda, em trabalhos de apoio operacional às atividades enumeradas nas alíneas a e b do § 1º do art. 2º, poderá ser mantido no regime de sobreaviso.**
>
> § 1º Entende-se por regime de sobreaviso aquele que o empregado permanece à disposição do empregador por um período de 24 (vinte quatro) horas para prestar assistência aos trabalhos normais ou atender as necessidades ocasionais de operação.
>
> § 2º Em cada jornada de sobreaviso, o trabalho efetivo não excederá de 12 (doze) horas.[8]

O artigo quinto traz o instituto do sobreaviso aplicado ao regime de turno. A ideia central desse instituto é a necessidade. Sem essa necessidade, não se justifica a aplicação do regime de sobreaviso, que o empregado fica disponível por vinte e quatro horas para fins de assistência ou operação para garantir a continuidade operacional durante as vinte e quatro horas do dia.

Como mencionado no *caput* as atividades que ensejam o sobreaviso são: supervisão das operações de quaisquer atividades que justificam essa lei, trabalhos de geologia de poço e trabalhos de apoio operacional a atividades de exploração, perfuração, produção e transferência de petróleo do mar, além de atividades de exploração, perfuração e produção de petróleo em áreas terrestres distantes ou de difícil acesso.

Não é difícil imaginar o que aconteceria se não houvesse um comando de supervisão no caso de uma falha operacional obrigar um posicionamento técnico. A equipe sem orientação poderia não agir e incorrer em situação de quebra de equipamentos ou riscos de segurança.

---

[8] COSTA, Armando Casimiro, FERRARI, Irany e MARTINS, Melchíades Rodrigues, CLT-LTr 2011. 38ª ed. São Paulo: LTr, 2011, p. 364.

Art. 6º **Durante o período em que permanecer no regime de sobreaviso, serão assegurados ao empregado, além dos já previstos nos itens III e IV do art. 3º e I do art. 4º, os seguintes direitos:**

I - Repouso de 24 (vinte quatro) horas consecutivas para cada período de 24 (vinte quatro) horas em que permanecer de sobreaviso;

II - Remuneração adicional correspondente a, no mínimo, 20% (vinte por cento) do respectivo salário-básico, para compensar a eventualidade de trabalho noturno ou a variação de horário para repouso e alimentação.

Parágrafo único. Considera-se salário-básico a importância fixa mensal correspondente à retribuição do trabalho prestado pelo empregado na jornada normal de trabalho, antes do acréscimo de vantagens, incentivos ou benefícios, a qualquer título.[9]

O artigo sexto traz contrapartidas para o empregado em regime de turno, o que, sem dúvida, tem o condão de equilibrar o binômio trabalho e remuneração. O empregado em regime de sobreaviso tem direito a transporte, alimentação e alojamento coletivo, todos gratuitos. Adicionalmente, deve receber o repouso de vinte e quatro horas seguidas para cada vinte e quatro horas que estiver nesse regime. Outro direito é o de remuneração adicional equivalente a, no mínimo, 20% do respectivo salário-básico para compensar a eventualidade de trabalho noturno ou a instabilidade de horário para o descanso e alimentação.

Art. 7º **A concessão de repouso na forma dos itens V do art. 3º, II do art. 4º e I do art. 6º quita a obrigação patronal relativa ao repouso semanal remunerado de que trata a Lei nº 605, de 5 de janeiro de 1949.[10]**

O artigo sétimo compatibiliza a concessão de repouso em qualquer das hipóteses regradas nesse estatuto legal com a lei anterior, lei 605 de 1949. No caso em tela, expressamente informa que a obrigação legal na lei anterior está sendo substituída pelas obrigações legais descritas nesse estatuto. Caso contrário, poderia haver o entendimento

---

[9] COSTA, Armando Casimiro, FERRARI, Irany e MARTINS, Melchíades Rodrigues, CLT-LTr 2011. 38ª ed. São Paulo: LTr, 2011, p. 364.
[10] *Idem*, p. 364-365.

que o empregado no regime de turno acumularia os benefícios aqui regrados sobre remuneração do repouso com os benefícios da lei 605.

> **Art. 8º O empregado não poderá permanecer em serviço, no regime de revezamento previsto para as situações especiais de que tratam as alíneas a e b do § 1º do art. 2º, nem no regime estabelecido no art. 5º, por período superior a 15 (quinze) dias consecutivos.**[11]

O artigo oitavo traz importante limitador do turno, impondo o limite de 15 dias seguidos de trabalho para as atividades de supervisão das operações de quaisquer atividades que justificam essa lei, trabalhos de geologia de poço e trabalhos de apoio operacional a atividades de exploração, perfuração, produção e transferência de petróleo do mar, além de atividades de exploração, perfuração e produção de petróleo em áreas terrestres distantes ou de difícil acesso.

Esse limite é uma forma de preservar a integridade física, social e emocional do trabalhador, que fica submetido a condições artificiais que podem ser danosas se vivenciadas por um período mais extenso que o limite legal.

> **Art. 9º Sempre que, por iniciativa do empregador, for alterado o regime de trabalho do empregado, com redução ou supressão das vantagens inerentes aos regimes instituídos nesta lei, ser-lhe-á assegurado o direito à percepção de uma indenização.**
>
> Parágrafo único. A indenização de que trata o presente artigo corresponderá a um só pagamento igual à média das vantagens previstas nesta lei, percebidas nos últimos 12 (doze) meses anteriores à mudança, para cada ano ou fração igual ou superior a 6 (seis) meses de permanência do regime de revezamento ou de sobreaviso.[12]

---

[11] *Idem*, p. 365.

[12] COSTA, Armando Casimiro, FERRARI, Irany e MARTINS, Melchíades Rodrigues, CLT-LTr 2011. 38ª ed. São Paulo: LTr, 2011, p. 365.

O artigo nono cria uma suavidade na transição de regimes de forma que o empregado receba uma indenização quando perder direitos garantidos nessa lei por não exercer mais as atividades nas condições de turno e sobreaviso ou, simplesmente, turno.

Podem ser configurados três casos em duas situações. A primeira situação ocorre quando o empregado sai do regime de turno para o regime sem turno. Ou sai do regime de turno combinado com sobreaviso para o regime sem turno. Nessa situação ocorre a supressão das vantagens inerentes a esses regimes. A segunda situação ocorre quando o empregado sai do regime de turno e sobreaviso para somente o regime de sobreaviso. Nessa situação ocorre a redução de vantagens recebidas, pois não há mais o sobreaviso.

O legislador resolveu quantificar a indenização, o que aparece no parágrafo único desse artigo, que diz que a indenização será igual a um só pagamento. Pagamento esse gerado a partir da média das vantagens percebidas nos últimos doze meses anteriores à mudança, para cada ano ou fração superior a seis meses de permanência no regime de turno ou sobreaviso. Ou seja, se o empregado trabalhou três anos sob o regime dessa lei, deve receber três pagamentos.

Uma questão que pode surgir em uma interpretação ligeira é como fica a situação para quem trabalhou seis meses sob o regime de turno, pois a lei fala sobre o trabalho em fração igual ou superior a seis meses. Há direito à indenização? Evidentemente que não, pois é requisito a permanência nos últimos doze meses sob o regime de turno para calcular a média das vantagens recebidas.

> **Art. 10.** **A variação de horários, em escalas de revezamento diurno, noturno ou misto, será estabelecida pelo empregador com obediência aos preceitos desta lei.**
>
> Parágrafo único. Não constituirá alteração ilícita a exclusão do empregado do regime de revezamento, cabendo-lhe exclusivamente, nesta hipótese o pagamento previsto no art. 9º.[13]

O artigo 10 deixa nas mãos do empregador a responsabilidade por determinar a variação de horários em termo de escalas, que podem ser mistas, diurnas ou noturnas. O

---

[13] COSTA, Armando Casimiro, FERRARI, Irany e MARTINS, Melchíades Rodrigues, CLT-LTr 2011. 38ª ed. São Paulo: LTr, 2011, p. 365.

empregador conhece sua necessidade de operação e, portanto, fica-lhe sujeita a escolha dos horários das escalas.

O parágrafo único explicita que é lícita a remoção do empregado do regime de revezamento e informa, que nesse caso, o único direito do empregado é o previsto no artigo anterior. Isso torna possível para o empregador a imediata remoção do empregado que não se adapta às condições de revezamento para outro regime, onde esse empregado possa ser mais produtivo.

> **Art. 11. Os atuais regimes de trabalho, nas atividades previstas no art. 1º, bem como as vantagens a eles inerentes, serão ajustados às condições estabelecidas nesta lei, de forma que não ocorra redução de remuneração.**
>
> Parágrafo único. A aplicação do disposto neste artigo ao empregado que cumpra jornada inferior a 8 (oito) horas dependerá de acordo individual ou coletivo, assegurados, em tal caso, exclusivamente, os direitos constantes desta lei.[14]

O artigo 11 estipula o procedimento que o empregador deve adotar no período de transição entre uma fase anterior a esse diploma legal e uma fase de vigência desse diploma. É uma regra necessária para trazer segurança jurídica nesse período de transição legal. Para o empregado que recebia vantagens superiores ao estipulado nesse regramento, sua remuneração não deve ser reduzida.

Como essa lei não tem como núcleo normativo principal carga horária inferior a oito horas, o parágrafo único dispõe que nesses casos vale o que estiver pactuado nos acordos individuais ou coletivos. Aí sim, vale unicamente os direitos garantidos nessa lei.

> **Art. 12. As disposições desta lei se aplicam a situações análogas, definidas em regulamento.[15]**

---

[14] COSTA, Armando Casimiro, FERRARI, Irany e MARTINS, Melchíades Rodrigues, CLT-LTr 2011. 38ª ed. São Paulo: LTr, 2011, p. 365.
[15] *Idem.*

O artigo 12 prevê que em situações semelhantes, contidas em regulamento, devem ser aplicados os dispositivos desse diploma legal. Possivelmente, o legislador ordinário quis estender para outros tipos de atividades industriais semelhantes os direitos e obrigações contidos nessa lei. Não é difícil imaginar que a própria evolução do trabalho industrial e o avanço tecnológico promovem mudanças na produção, que tornam um exercício inócuo a tentativa de formar um rol taxativo de atividades em que se deve aplicar essa lei.

Art. 13. Esta Lei entrará em vigor na data de sua publicação, revogadas as disposições em contrário.[16]

O artigo 13 dispõe sobre o termo inicial de vigência dessa lei e revoga quaisquer disposições em contrário, tornando esse diploma legal norma de ordem pública, que não pode ser afastada por acordos individuais ou coletivos, em outras palavras, pela vontade das partes que participam como contratante e contratado na relação de trabalho.

3.3 A SÚMULA 391 DO TST COMENTADA

Essa súmula é dividida em dois itens. No item primeiro, estabelece que a lei 5.811/72 foi recepcionada pela CF, que em seu art. 7º, inc. XIV, diverge da extensão de horas do turno comparativamente à lei mais antiga. A súmula de Abril de 2005, *in verbis*:

> **SÚMULA 391/TST. JORNADA DE TRABALHO. PETROLEIROS. TURNO ININTERRUPTO DE REVEZAMENTO. HORAS EXTRAS E ALTERAÇÃO DA JORNADA PARA HORÁRIO FIXO. LEI 5.811/72 (RECEPÇÃO PELA CF/88) . CLT, ARTS. 58 E 468. CF/88, ART. 7º, VI. LEI 5.811/72, ART. 10.**
>
> I - A Lei 5.811/72 foi recepcionada pela CF/88 no que se refere à duração da jornada de trabalho em regime de revezamento dos petroleiros. (ex-OJ 240/TST-SDI-I - Inserida em 20/06/2001)

---

[16] *Idem.*

II - A previsão contida no art. 10 da Lei 5.811/72, possibilitando a mudança do regime de revezamento para horário fixo, constitui alteração lícita, não violando os arts. 468 da CLT e 7º, VI, da CF/88. (ex-OJ 333/TST-SDI-I - DJ 09/12/2003)[17]

A Súmula 391 do TST protege mais o interesse do empregador em detrimento da melhoria de qualidade de vida do obreiro de plataforma, que poderia ter sua jornada de trabalho reduzida para 6 horas, conforme interpretação mais favorável com fulcro em previsão constitucional (artigo 7º, inciso XIV).

3.4 VISÃO DOUTRINÁRIA

A doutrina contempla o estudo de juristas, filósofos e pensadores do direito. Corrobora na elucidação das interpretações possíveis para a norma, facilitando a construção de uma moldura de raciocínio jurídico que transporta a abstração da lei para a realidade fática. Adicionalmente, enriquece o espaço discricionário do julgador e instrumentaliza os outros operadores jurídicos que atuam processualmente.

Em qualquer ramo do direito, a doutrina preenche espaços vazios interpretativos e favorece o debate para se alcançar a opinião jurídica mais qualificada, proporcional e adequada. Após essa apresentação conceitual, trazemos a lume conjunto de opiniões doutrinárias acerca do trabalho em turno de revezamento ininterrupto. A doutrina pesquisada não foca necessariamente no trabalho em regime de turno ininterrupto de revezamento do petroleiro embarcado, pois se apresenta mais abrangente. Todavia, fornecer instrumentos para formar o arcabouço teórico necessário para adentrar no trabalho mais específico do embarcado.

---

[17] PINTO, Raymundo Antonio Carneiro. Súmulas do TST Comentadas. 11ª ed. São Paulo: LTr, 2010, p. 304.

Iniciamos com a visão geral de Délio Maranhão sobre a jornada de trabalho. Sua lógica consegue capturar o espírito da luta por condições de trabalho, que promove espaço para o trabalhador alcançar a valorização de sua vida pessoal:

> Como escreveu alguém, a luta pela diminuição da jornada de trabalho é a luta humana pela vida e a luta por uma vida humana. Por isso, tal diminuição constitui, sempre, uma das reivindicações por que mais pugnaram os trabalhadores. A ela somente se compara a campanha por um salário melhor. Na verdade, os pontos cardeais de todas as reivindicações da classe trabalhadora forma, em todos os tempos, a redução da quantidade de trabalho e o aumento da paga do trabalho prestado. O salário é o preço da alienação da força de trabalho e a jornada, a medida da força que se aliena.[18]

Analisando as palavras anteriores, descobrimos que existe uma relação entre três variáveis associadas ao trabalho. A qualidade de vida humana é proporcional à diminuição da jornada de trabalho e ao aumento do salário. Quanto mais longa a jornada de trabalho, menos tempo livre sobra para o trabalhador viver sua verdadeira vida. Quanto maior o salário, mais chances tem o trabalhador de viver uma vida com mais qualidade. Aí está o núcleo das reivindicações trabalhistas.

Enquanto o trabalhador permanece afastado do seu lar e família, menos laços pessoais são construídos e menor é a sua atenção para a sua vida privada. Mas, isso não é uma verdade absoluta. Não deve ocorrer na proporção descrita.

Deixamos para reflexão que essa visão de Délio Maranhão deixa de lado o fato que é possível formar também laços pessoais no trabalho de amizade e respeito mútuo. Algumas vezes esses laços são tão fortes, que há um deslocamento parcial da vida privada do trabalhador para dentro do seu local de trabalho. Mas, isso, realmente, não costuma ser geral em nossa sociedade.

Voltando ao centro de nossas atenções, que é a discussão da jornada de trabalho em turno ininterrupto de revezamento em plataformas marítimas, observamos que os objetivos

---

[18] MARANHÃO, Délio. *Direito do Trabalho.* 16ª ed. Rio de Janeiro: Editora da Fundação Getúlio Vargas, 1992, p.81.

dos trabalhadores são melhores condições de trabalho, o que inclui exatamente a redução de jornada com valorização salarial do trabalho prestado. Nessa linha, é a visão de Ivan da Costa Alemão Ferreira.[19]

José Afonso da Silva, constitucionalista, ao se debruçar sobre os direitos sociais do trabalhador em regime de turno de revezamento ininterrupto, não especificamente do embarcado, ensina que a norma constitucional do artigo 7º, inciso XIV, tem aplicação literal, obrigando o empregador a propiciar ao empregado a jornada de 6 horas, salvo negociação diversa em acordo coletivo. Sua opinião, *in verbis*:

> A Constituição não é o lugar para se estabelecerem as condições das relações de trabalho, mas ela o faz, visando proteger o trabalhador, quanto a valores mínimos e certas condições de salário (art. 7º, IV a X) e, especialmente, para assegurar isonomia material ...assim para garantir equilíbrio entre trabalho e descanso, quando estabelece (art. 7º, XIII a XV e XVII a XIX): ... jornada de seis horas para o trabalho realizado em turnos ininterruptos de revezamento, salvo negociação coletiva; vale dizer, se a empresa é daquelas que se mantém em funcionamento todos os dias vinte e quatro horas por dia, ininterruptamente, tem que ter turnos de revezamento de seus trabalhadores; em tal caso, a jornada será de seis horas, e não oito; terá que ter quatro turmas de revezamento, não apenas três, como até agora; [20]

Os comentários do conhecido constitucionalista não ultrapassa a interpretação literal e não faz referência ao diploma 5.881/72, mas nos serve para verificar que a regra constitucional é uma norma de eficácia plena, portanto de aplicação imediata e, por isso, vale o direito ao turno de 6 horas. O que vai ser polêmico e conflitar com outras opiniões doutrinárias, provocando o debate, é a possibilidade da convenção coletiva modificar o número de horas do turno de forma desfavorável para o trabalhador.

No juízo de Vólia Bomfim Cassar, que doutrina direito material do trabalho, em razão da:

[19] FERREIRA, Ivan da Costa Alemão. *Curso de Direito do Trabalho*. São Paulo: LTr, 2004, p.167.
[20] SILVA, José Afonso da. *Curso de Direito Constitucional Positivo*. 30ª ed. São Paulo: Malheiros, 2008, p.293.

grande nocividade que a variação de horários ocasionava, subvertendo o relógio biológico e segregando hormônios, sono, convívio social e familiar, assim como da aplicação leviana deste sistema a outras atividades não atingidas pela lei em comento, o legislador constituinte reduziu a carga horária diária para seis horas – art. 7°, XIV, da CRFB[21].

Por tal motivo, conforme os doutrinadores Vólia Bomfim Cassar[22], Sérgio Pinto Martins[23] e Arnaldo Sussekind[24], está revogado o art. 2°, § 1°, e art. 3° da lei 5.811/72 na parte que trata da jornada de 8 e 12 horas para os turnos. Portanto, a jornada de 6 horas, por ser mais vantajosa para quem se submete ao turno ininterrupto de revezamento, deve prevalecer, valendo a norma constitucional em uma interpretação não literal. Não literal no sentido que afasta a exceção possível de ser introduzida com o acordo coletivo de trabalho.

Consoante lição de Arnaldo Süssekind:

> Essa lei possibilitou a jornada ininterrupta de oito horas em turnos de revezamento, que poderia alcançar doze horas ininterruptas, em se tratando de exploração, perfuração e produção de petróleo no mar e em áreas terrestres distantes ou de difícil acesso, assim como na transferência do petróleo do mar. ...
> A imediata e plena vigência do questionado inciso XIV determina, por incompatibilidade, a revogação das disposições da aludida Lei n.° 5.811 sobre o tema. É que esse diploma legal de 1972 teve por finalidade exclusiva possibilitar a adoção de turnos ininterruptos de oito ou doze horas em escalas de revezamento, nas atividades que relacionou.[25]

A jurisprudência tratou o assunto de outro modo, conforme a Súmula 391, I, do TST. Para os julgadores, que a produziram, a regra geral constitucional não revoga a regra especial. A compreensão do TST aceita a jornada de 6 horas somente para as turmas de revezamento não regidas pela Lei 5.811/72, pois esta lei foi recepcionada pela Constituição

---

[21] CASSAR, Vólia Bonfim. *Direito do Trabalho*. 3ª ed. Niterói: Impetus, 2009, p.641.
[22] Idem.
[23] MARTINS, Sérgio Pinto apud . CASSAR, Vólia Bonfim. *Direito do Trabalho*. 3ª ed. Niterói: Impetus, 2009, p.641.
[24] MARANHÃO, Délio *et al. Instituições de Direito do Trabalho*. 16ª ed. São Paulo: LTr, vol. II, 1996, p. 792 et seq.
[25] MARANHÃO, Délio *et al. Instituições de Direito do Trabalho*. 16ª ed. São Paulo: LTr, vol. II, 1996, p. 792 et seq..

de 88. Vólia Bomfim Cassar afirma: "a *mens legis* prevaleceu sobre a *mens legislatoris*"[26], ou seja, hermeneuticamente, preferiu-se a interpretação diferente da vontade do legislador, firmando-se uma interpretação autônoma e distante da intenção legislativa.

Voltando-se para elementos básicos necessários para uma elucidação teórica completa, procuramos uma definição de turno. O turno tem algumas significações. Pode ser jornada ou turma de trabalho e, até, a divisão de trabalho dentro da jornada, ou seja, o lapso temporal antes e depois do intervalo intrajornada. Abaixo expomos os artigos 245 e 412 da CLT e a antiga Súmula 88 do TST, cancelada.

> Art. 245 - O horário normal de trabalho dos cabineiros nas estações de tráfego intenso não excederá de 8 (oito) horas e deverá ser dividido em 2 (dois) turnos com intervalo não inferior a 1 (uma) hora de repouso, não podendo nenhum turno ter duração superior a 5 (cinco) horas, com um período de descanso entre 2 (duas) jornadas de trabalho de 14 (quatorze) horas consecutivas.[27]

> Art. 412 - Após cada período de trabalho efetivo, quer contínuo, quer dividido em 2 (dois) turnos, haverá um intervalo de repouso, não inferior a 11(onze) horas.[28]

> TST Enunciado nº 88 - RA 69/1978, DJ 26.09.1978 - Cancelada - Res. 42/1995, DJ 17.02.1995 - Cancelamento Mantido - Res. 121/2003, DJ 19, 20 e 21.11.2003
>
> Desrespeito ao Intervalo Mínimo entre Dois Turnos de Trabalho
>
> O desrespeito ao intervalo mínimo entre dois turnos de trabalho, sem importar em excesso na jornada efetivamente trabalhada, não dá direito a qualquer ressarcimento ao obreiro, por tratar-se apenas de infração sujeita a penalidade administrativa (art. 71 da CLT).[29]

---

[26] CASSAR, Vólia Bonfim. *Direito do Trabalho*. 3ª ed. Niterói: Impetus, 2009, p.641
[27] COSTA, Armando Casimiro, FERRARI, Irany e MARTINS, Melchíades Rodrigues, CLT-LTr 2011. 38ª ed. São Paulo: LTr, 2011, p. 62.

[28] COSTA, Armando Casimiro, FERRARI, Irany e MARTINS, Melchíades Rodrigues, CLT-LTr 2011. 38ª ed. São Paulo: LTr, 2011, p. 74.
[29] *Idem,* p. 878.

Para fins desse trabalho, o turno pode ser compreendido como jornada ou turma de trabalho. Os turnos em plataformas marítimas de extração de petróleo são de 12 horas, o que implica dois turnos de 12 horas para fechar as 24 horas de atividade ininterrupta do dia.

Outro elemento básico para nossa construção teórica é o revezamento. O revezamento é a mudança contínua de horários de trabalho de forma que um empregado trabalhe todos os horários de um dia em períodos distintos (manhã, tarde, noite e madrugada). Em um exemplo, o trabalhador labora de manhã, na seguinte de tarde, na terceira de noite e na quarta de madrugada. Obviamente, variações intensas de horário de trabalho aumentam o desequilíbrio no organismo humano, que sofrerá com o passar do tempo diferentes patologias.

Derly Mauro Cavalcante da Silva leciona sobre o trabalho em regime de revezamento, *in verbis*:

> Sabe-se que o trabalho desenvolvido nesse ritmo é muito desgastante para o empregado, pois o relógio biológico, que controla as variações de temperatura, digestão, hormônios e sono é alterado constantemente, tratando-se, portanto, de um trabalho penoso.[30]

O revezamento pode ocorrer mensal, quinzenal ou semanalmente. Conforme magistério de Vólia Bomfim Cassar, o empregador tem usado em algumas situações como subterfúgio a aplicação do sistema bimestral[31], a fim de não adotar a jornada reduzida. Em suma, o empregador impõe o revezamento em intervalo de tempo bimestral.

Outro ponto importante é o conceito de ininterrupto. Afirma-se que se trata de jornada sem intervalo, trabalho ininterrupto, turnos sem intervalo, em resumo, turnos contínuos. Outra vertente interpretativa define como turmas de trabalho que se sucedem durante todo o dia (24 horas) na empresa, produzindo trabalho sem parar em revezamento na empresa. Ambas interpretações não influenciam negativamente em nossa caracterização do trabalho rotineiro em uma unidade marítima de extração de petróleo, onde o empregado rende o empregado do turno anterior, continuando a operação da unidade petrolífera ou

---

[30] SILVA, Derly Mauro Cavalcante da. *Lições Práticas de Direito do Trabalho*. 2ª ed. Rio de Janeiro: Editora Freitas, 2004, p.86.
[31] CASSAR, Vólia Bonfim. *Direito do Trabalho*. 3ª ed. Niterói: Impetus, 2009, p. 643.

outras atividades complementares. Entretanto, deixamos nosso comentário que, segundo o princípio de direito material *in dúbio pro misero*, a interpretação fiel a esse princípio é a que vem com a OJ 360 do TST.

Em um estudo mais aprofundado, consultando a OJ 360 do TST, vemos que o tribunal aceita que o trabalhador labore em turnos que nunca fecham as 24 horas do dia em razão do prejuízo para a sua saúde, família e vida social. Turnos esses, que deixam pequenos hiatos de tempo, por exemplo, o trabalho em turno do empregado nunca abrange o horário de 23 às 24 hs. Para nossa monografia, não vamos aprofundar esse tema, pois a rotina do petroleiro cai no caso de turno que abrange sequencialmente todas as horas do dia.

A Orientação Jurisprudencial nº 360 da SBDI-1 estabelece, *in verbis*:

> TURNO ININTERRUPTO DE REVEZAMENTO. DOIS TURNOS. HORÁRIO DIURNO E NOTURNO. CARACTERIZAÇÃO (DJ 14.03.2008)
>
> Faz jus à jornada especial prevista no art. 7º, XIV, da CF/1988 o trabalhador que exerce suas atividades em sistema de alternância de turnos, ainda que em dois turnos de trabalho, que compreendam, no todo ou em parte, o horário diurno e o noturno, pois submetido à alternância de horário prejudicial à saúde, sendo irrelevante que a atividade da empresa se desenvolva de forma ininterrupta.[32]

Chegamos aqui com a conceituação de turno, de revezamento e de ininterrupto, que são elementos básicos necessários para a discussão jurídica que se configura sobre a incidência do diploma legal 5.811/72 ao trabalho em regime de turno em plataformas marítimas de extração de petróleo.

Apresentamos a posição de doutrinadores sobre o tema núcleo dessa monografia ou outros periféricos, mas úteis para o apoio ao esclarecimento do assunto principal. Vimos que a doutrina se apresenta com argumentos favoráveis à jornada de 6 horas e outro neutro. Explicando melhor, neutro no sentido de não haver um posicionamento específico, pois o

---

[32] COSTA, Armando Casimiro, FERRARI, Irany e MARTINS, Melchíades Rodrigues, CLT-LTr 2011. 38ª ed. São Paulo: LTr, 2011, p. 946.

foco teórico mira um contexto mais generalista, o que é o caso do constitucionalista José Afonso da Silva[33]).

3.5 VISÃO JURISPRUDENCIAL NÃO SUMULAR

A jurisprudência traduz a inteligência dos julgamentos e carrega em si a responsabilidade de definir qual a prestação jurisdicional mais apropriada para os casos concretos manifestados.

Começamos trazendo justificativas para aceitação constitucional da lei mais antiga de 72 nos votos de ministros do TST. Fazemos isso, para enfatizar, primeiramente, a posição pacífica dos tribunais.

Na esteira de votos como os dos Ministros Ives Gandra e João Oreste Dalazen, surge o fundamento de que a Constituição Federal não revogou a Lei n.º 5.811/72, considerando que esta é uma lei especial, que já garantiu diversos outros direitos àqueles trabalhadores.

Nesse diapasão conservador e favorável ao *status quo* configurado nas relações trabalhistas, firma-se o voto do Ministro Aloysio Corrêa da Veiga, Relator do Processo Nº TST-E-ED-A-RR-20922/2002-900-05-00.0, publicado no DJ de 24.02.2006:

> (...)enquanto o eg. Tribunal Regional entendeu que a Lei 5.811/72 não tinha aplicação ao caso concreto, em face da exigência prevista no art. 7º, XIV, da CF, a C. Turma, ao contrário, em acórdão da lavra do Exmo. Ministro Ives Gandra, entendeu: '(...) a controvérsia foi dirimida à luz da Lei nº 5.811/72, porque é esta lei que regula a categoria do Sindicato que se apresentou como substituto processual. A matéria foi decidida, portanto, em consonância a recentemente editada Súmula 391 do C. TST

---

[33] SILVA, José Afonso da. *Curso de Direito Constitucional Positivo.* 30ª ed. São Paulo: Malheiros, 2008, p. 293.

que disciplina: Petroleiros. Lei nº 5.811/72. Turno ininterrupto de revezamento. Horas extras e alteração da jornada para horário fixo. A Lei nº 5.811/72 foi recepcionada pela CF/88 no que se refere à duração da jornada de trabalho em regime de revezamento dos petroleiros.' (...)

Trabalhando com o mesmo entendimento, ressaltamos a explanação do Ministro João Oreste Dalazen acerca da matéria:

> Esta Colenda Corte, inclusive, mediante iterativa, notória e atual jurisprudência vem assentando que a Lei n.º 5.811/72 foi recepcionada pelo artigo 7º, inciso XIV, da Constituição Federal de 1988 (ERR 189970/95 - Min. Schulte - DJ 16.10.98 - unânime): 'PETROBRÁS - HORAS EXTRAS – TURNOS ININTERRUPTOS DE REVEZAMENTO - LEI 5.811/72. Referida lei é de regulamentação específica aos petroleiros, pois estes desenvolvem uma atividade atípica, o que torna impossível ser fracionada para a inclusão no sistema de 4 revezamento de seis horas, previsto no artigo 7º, inciso XIV, da Constituição Federal de 88. Fica, portanto, mantida a aplicação da Lei 5.811/72, que prevê turnos maiores, entretanto, estabelece outras condições vantajosas à categoria, conforme seus artigos 3º e 4º.' (TST-RR-230448/95 - 1ª Turma - Min. Ursulino Santos - DJ 07.08.98 – unânime).(...)

A jurisprudência apresentada frisa a impossibilidade do empregador aplicar na atividade em plataforma as quatro turmas de revezamento. Isso com base em ser atividade atípica, porém não esclarece maiores detalhes, que poderiam justificar essa argumentação.

O obscurantismo da explanação jurídica nesse ponto enfraquece a posição afirmada, pois nos parece faltar estrutura argumentativa substancial. A indagação que surge é a seguinte: qual o impacto logístico de pessoal e de material que teria alterar a jornada para 6 horas e colocar as quatro turmas revezando? A atividade de exploração de petróleo no mar é altamente lucrativa, portanto financeiramente nesse viés não cabe tal argumentação. Existe alguma impossibilidade técnica? Seria necessário mais espaço na plataforma para abrigar um contingente de trabalhadores duplicado, pois apesar da jornada ficar em 6 horas, a logística que se forma é que os trabalhadores somente desembarcariam após 14 dias de trabalho consecutivos na plataforma. Haveria mais tempo de descanso dentro da plataforma, que levaria o trabalhador a uma condição mais confortável e de menos exposição aos agentes de risco presentes na rotina laboral.

Após essa explicação da posição pacífica jurisprudencial que é o núcleo afirmativo da incidência do diploma legal 5.811/72 e o debate inicial crítico, apresentamos adiante diversas jurisprudências do STF associadas e comentamos.

> Trata-se de recurso extraordinário (art. 102, III, a) interposto de acórdão do Tribunal Superior do Trabalho, cuja tem o seguinte teor (fls. 155): "EMBARGOS -LEI Nº 5.811/72 -PETROLEIROS E TRABALHADORES AFINS -RECEPÇÃO PELA CONSTITUIÇÃO DA REPÚBLICA DE 1988 -INTELIGÊNCIA DA SÚMULA Nº 391 DO TST Mais vantajosa e específica aos petroleiros e trabalhadores afins, a Lei nº 5.811/72 foi recepcionada pela Constituição da República de 1988, não havendo contrariedade a seu art. 7º, XIV. É essa a inteligência da Súmula nº 391, I, desta Corte.Embargos não conhecidos."Nas razões do recurso, indica-se ofensa ao disposto nos arts. 5º, XXXV, LIV e LV, e 7º, XIV, da Constituição federal. Sustenta-se que a previsão de turnos ininterruptos de revezamento de 8 (oito) horas na Lei 5.811/1972 contraria a Constituição.É o relatório. Decido. Sem razão. A análise da questão constitucional suscitada demandaria o exame prévio da legislação infraconstitucional. Trata-se, portanto, de alegação de ofensa indireta ou reflexa à Constituição, o que dá margem ao descabimento do recurso extraordinário. Nesse sentido: AI 619.285-AgR (rel. min. Cármen Lúcia, Primeira Turma, DJe de 01.02.2008) e RE 394.360-AgR (rel. min. Gilmar Mendes, Segunda Turma, DJ de 24.02.2006).Ademais, inexistem as alegadas ofensas ao art. 5º, XXV, LIV e LV, da Constituição, porquanto o acórdão recorrido inequivocamente prestou jurisdição, sem ter violado os princípios do devido processo legal, do contraditório e da ampla defesa.Do exposto, nego seguimento ao recurso.Publique-se.Brasília, 27 de abril de 2011.Ministro JOAQUIM BARBOSA Relator 5.811 CONSTITUIÇÃO 5.811 Constituição 5º XXXV LIV LV 7ºXIV Constituição federal 5.811 Constituição Constituição: AI 619.285- RE 394.360-5º XXXV LIV LV Constituição
>
> (599448 RS, Relator: Min. JOAQUIM BARBOSA, Data de Julgamento: 27/04/2011, Data de Publicação: DJe-083 DIVULG 04/05/2011 PUBLIC 05/05/2011)

Esse primeiro julgado do STF mostra uma tentativa de combater as 8 horas de turno ininterrupto do diploma 5.811/72, apresentando argumentos com base em princípios constitucionais como contraditório, ampla defesa e devido processo legal para aceitação do recurso extraordinário. Entretanto, tais argumentos são refutados e o recurso extraordinário é descabido em face da hipótese de ofensa reflexa ou indireta à Constituição.

AGRAVO DE INSTRUMENTO. TRABALHISTA. PETROLEIROS. JORNADA DE TRABALHO. TURNOS ININTERRUPTOS DE REVEZAMENTO. MATÉRIA INFRACONSTITUCIONAL: OFENSA CONSTITUCIONAL INDIRETA. AGRAVO AO QUAL SE NEGA SEGUIMENTO. Relatório 1. Agravo de instrumento contra decisão que não admitiu recurso extraordinário, interposto com base no art. 102, inc. III, alínea a, da Constituição da República. O recurso inadmitido tem como objeto o seguinte julgado do Tribunal Superior do Trabalho:"PETROLEIRO. HORAS EXTRAS. TURNOS ININTERRUPTOS DE REVEZAMENTO. LEI N. 5.811/72. APLICABILIDADE. VIOLAÇÃO DO ARTIGO 896 DA CONSOLIDAÇÃO DAS LEIS DO TRABALHO NÃO CONFIGURADA.Irretocável a decisão proferida pela Turma no sentido de não conhecer da revista obreira, uma vez que o Tribunal Regional decidiu a questão em harmonia com o entendimento consagrado no item I da Súmula n. 391 do TST, no sentido de que a 'Lei n. 5.811/72 foi recepcionada pela CF/88 no que se refere à duração da jornada de trabalho em regime de revezamento dos petroleiros. Recurso de embargos não conhecido" (fl. 323).2. A decisão agravada teve como fundamentos para a inadmissibilidade do recurso extraordinário: a) a inviabilidade da arguição de descumprimento de preceito fundamental, por ilegitimidade do Agravante, b) a incidência na espécie da Súmula 282 do Supremo Tribunal Federal e c) a circunstância de que a contrariedade à Constituição, se tivesse ocorrido, seria indireta (fls. 362-364).3. O Agravante alega que o Tribunal a quo teria afrontado os arts. 5º, inc. XXXV, LIV e LV, 7º, inc. VI e XIV, e 8º, caput e inc. I e VIII, da Constituição da República.Sustenta que se:"discute no presente feito alteração contratual ilícita promovida pela ora recorrida com base em lei não recepcionada pela CF/88, ou seja, o recorrente trabalhava em turno fixo noturno, percebendo para tanto adicional noturno e de HRA, quando teve seu contrato de trabalho alterado unilateralmente, quando foi obrigado a laborar em horário administrativo -horário fixo tendo suas vantagens suprimidas" (fl. 335).Argumenta que "somente será permitida a alteração do posto de trabalho (contratual) quando for dispensável a manutenção em regime de revezamento. Ora, no presente caso, a empresa em momento algum demonstrou a dispensabilidade do ora recorrente de sair do regime de revezamento para turno fixo" (fl. 336).Apreciada a matéria trazida na espécie, DECIDO.4. Razão jurídica não assiste ao Agravante.5. Ressalte-se que o pedido de arguição de descumprimento de preceito fundamental, na instância originária, é absolutamente inviável, pela ausência de legitimidade do Agravante (Lei n. 9.882/99, art. 2º).6. A discussão sobre a jornada de trabalho em turnos ininterruptos de revezamento dos petroleiros não viabiliza o processamento do recurso extraordinário, por se ater a espécie à legislação infraconstitucional (Lei n. 5.811/72 e Consolidação das Leis do Trabalho). Assim, a alegada ofensa constitucional, se tivesse ocorrido, seria indireta.Nesse sentido:"AGRAVO REGIMENTAL NO AGRAVO DE INSTRUMENTO. TRABALHISTA. JORNADA DE TRABALHO. TURNO DE REVEZAMENTO. OFENSA CONSTITUCIONAL INDIRETA. PRECEDENTES. AGRAVO REGIMENTAL AO QUAL SE NEGA PROVIMENTO" (AI 619.285-AgR, de minha relatoria, Primeira

Turma, DJe 1°.2.2008).E:"Trabalhista. Alteração contratual. Lei n. 5.811/72. Ausência de prequestionamento (Súmulas 282 e 356). Controvérsia infraconstitucional. Ofensa indireta à CF. Regimental não provido" (AI 478.167-AgR, Rel. Min. Nelson Jobim, Segunda Turma, DJ 16.4.2004).7. Ademais, a jurisprudência do Supremo Tribunal assento que as alegações de afronta aos princípios do devido processo legal, da ampla defesa e do contraditório, dos limites da coisa julgada e da prestação jurisdicional, quando dependentes de exame de legislação infraconstitucional, podem configurar apenas ofensa reflexa à Constituição da República.Nesse sentido:"(...) 2. A jurisprudência do Supremo Tribunal Federal firmou-se no sentido de que as alegações de afronta aos princípios do devido processo legal, da motivação dos atos decisórios, do contraditório, dos limites da coisa julgada e da prestação jurisdicional, se dependentes de reexame de normas infraconstitucionais, configurariam ofensa constitucional indireta. 3. Imposição de multa de 5% do valor corrigido da causa. Aplicação do art. 557, § 2°, c/c arts. 14, inc. II e III, e 17, inc. VII, do Código de Processo Civil" (AI 643.746-AgR, de minha relatoria, Primeira Turma, DJE 8.5.2009).8. Nada há, pois, a prover quanto às alegações do Agravante.9. Pelo exposto, nego seguimento ao agravo de instrumento (art. 557, caput, do Código de Processo Civil e art. 21, § 1°, do Regimento Interno do Supremo Tribunal Federal).Publique-se.Brasília, 22 de novembro de 2010. Ministra CÁRMEN LÚCIA Relatora 102 III a Constituição 5.811 896 CONSOLIDAÇÃO DAS LEIS DO TRABALHO CF/88 Constituição 5° XXXV LIV LV 7° VI XIV 8° I VII I Constituição CF/88 9.882 2° 5.811 Consolidação das Leis do Trabalho 5.811 CF Constituição 557 Código de Processo Civil

(816506 RS , Relator: Min. CÁRMEN LÚCIA, Data de Julgamento: 22/11/2010, Data de Publicação: DJe-236 DIVULG 06/12/2010 PUBLIC 07/12/2010)

A decisão do STF caminha na linha de confirmar o acórdão de lavra do TST. O agravo de instrumento tenta destrancar o recurso extraordinário inadmitido. Há um problema prático no agravo para sua aceitação preliminar, entre outros, que é a falta de legitimidade do agravante, o que torna inadmissível o processamento do agravo de instrumento. Novamente se impede o caminhar do processo, tornando-se inviável a possibilidade do STF rediscutir a recepção da lei 5.811, que foi aceita pelas instâncias inferiores.

Vistos. Norsa Refrigerantes Ltda. interpõe agravo de instrumento contra a decisão que não admitiu recurso extraordinário assentado em contrariedade ao artigo 7°, inciso XIV, da Constituição Federal. Insurge-se, no apelo extremo, contra acórdão da Subseção II Especializada em Dissídios Individuais do Tribunal Superior do Trabalho, assim do: 'AÇÃO

28

RESCISÓRIA ' HORAS EXTRAS ' TURNO FIXO OU DE REVEZAMENTO ' VIOLAÇÃO DO ART. 7º, XIV, DA CONSTITUIÇÃO FEDERAL NÃO CONFIGURADA.1. A Reclamada ajuizou ação rescisória calcada exclusivamente no inciso V (violação de lei) do art. 485 do CPC, apontando como violado o art. 7º, XIV, da CF e buscando desconstituir o acórdão do TRT, sob a alegação de que o referido preceito deve ser interpretado restritivamente, em face do seu caráter excepcional, e não de forma ampla, já que, `in casu', os Obreiros estavam submetidos a variabilidade mensal do horário de trabalho, isso em média, pois existiam meses em que o labor ocorria integralmente em horário fixo e imutável, daí porque não caracterizado o turno ininterrupto de revezamento.2. A decisão rescindenda entendeu que a circunstância de o revezamento de turno de trabalho ocorrer de forma mensal (e não diária ou semanal) não descaracteriza a situação do inciso XIV do art. 7º da CF, alusiva à proteção da vida social, biológica e familiar do trabalhador contra as adversidades oriundas do labor em turnos diferentes, até porque a própria Reclamada, na contestação da ação trabalhista principal, informou que adota o regime de turnos, ali declarados fixos, das 7h30 às 14h30 horas;das 14h30 às 23h30 horas e das 23h30 às 7h30 horas, o que demonstra a não-interrupção da atividade empresária.3. Ora, não há que se falar em violação do art. 7º, XIV, da CF, já que tal norma apenas institui os turnos ininterruptos de revezamento, mas não indica, em sua literalidade, o lapso temporal mínimo de alternância, se seria semanal, quinzenal ou mensal, daí porque, se não trata da periodicidade dos turnos, não há como reputar malferido o referido preceito constitucional. 4. Ademais, a premissa fática adotada pela decisão rescindenda quanto ao regime de turnos (até em face dos horários de trabalho declinados pela Reclamada na contestação da lide principal) é insuscetível de reexame em sede de ação rescisória calcada em violação de lei (CPC, art. 485, V), nos termos da Súmula nº 410 do TST, daí porque não há que se falar em interpretação ampliativa do referido preceito constitucional, a que alude a Empresa na exordial da presente ação. Recurso ordinário desprovido' (fls. 142/143). Decido. Anote-se, inicialmente, que o acórdão recorrido foi publicado em 1º/11/06, conforme expresso na certidão de folha 147, não sendo exigível a demonstração da existência de repercussão geral das questões constitucionais trazidas no recurso extraordinário, conforme decidido na Questão de Ordem no Agravo de Instrumento nº 664.567/RS, Pleno, Relator o Ministro Sepúlveda Pertence, DJ de 6/9/07.Não merece prosperar a irresignação, uma vez que a jurisprudência desta Corte está consolidada no sentido de que a questão referente às horas extras de trabalhador horista submetido à jornada em turnos ininterruptos de revezamento é matéria restrita ao âmbito infraconstitucional. A alegada violação do artigo 7º, inciso XIV da Constituição Federal seria, se houvesse, indireta ou reflexa, que não enseja reexame em recurso extraordinário. Sobre o tema, anote-se: 'AGRAVO REGIMENTAL NO AGRAVO DE INSTRUMENTO. TRABALHISTA. JORNADA DE TRABALHO. TURNO DE REVEZAMENTO. OFENSA CONSTITUCIONAL INDIRETA. PRECEDENTES. AGRAVO REGIMENTAL AO QUAL SE NEGA PROVIMENTO' (AI nº 619.285/RS-AgR, Primeira Turma, Relatora a Ministra Cármen Lúcia, DJ de 1º/2/08). 'Agravo regimental em recurso extraordinário. 2. Jornada de

29

Trabalho. Turnos de revezamento. Petroleiros. Lei no 5.811/72. Controvérsia infraconstitucional. 3. Alegação de violação ao art. 7º, XIV, da Carta Magna. Impossível inovar o feito em Agravo Regimental. Precedentes. 4. Agravo regimental a que se nega provimento' (RE nº 394.360/AM-AgR, Segunda Turma, Relator o Ministro Gilmar Mendes, DJ de 24/2/06). '1. RECURSO. Extraordinário. Inadmissibilidade. Turno ininterrupto de revezamento. Horas extras. Lei nº 5.811/72. Alegação de ofensa aos arts. 5º, XXXVI, e 7º, XIV, da Constituição Federal. Ofensa constitucional indireta. Agravo regimental não provido.Aplicação da súmula 279. Não cabe recurso extraordinário que teria por objeto alegação de ofensa que, irradiando-se de má interpretação, aplicação ou, até, de inobservância de normas infraconstitucionais, seria apenas indireta à Constituição da República, e, muito menos, de reexame de provas. 2. RECURSO. Extraordinário. Inadmissibilidade. Fundamentação do acórdão recorrido. Existência. Não há falar em ofensa ao art. 93, IX, da CF, quando o acórdão impugnado tenha dado razões suficientes,embora contrárias à tese do recorrente' (RE nº 248.100/BA-AgR, Primeira Turma, Relator o Ministro Cezar Peluso, DJ de 11/11/05). Nego provimento ao agravo. Publique-se. Brasília, 6 de fevereiro de 2009. Ministro MENEZES DIREITO Relato 1 7º XIV Constituição Federal 7º XIV CONSTITUIÇÃO FEDERAL V 485 CPC 7º XIV CF XIV 7º CF 7º XIV CF CPC 485 V 7º XIV Constituição Federal 5.811 7º XIV Carta Magna 5.811 5º XXXVI 7º XIV Constituição Federal Constituição 93I X CF

(681065 BA , Relator: Min. MENEZES DIREITO, Data de Julgamento: 06/02/2009, Data de Publicação: DJe-034 DIVULG 18/02/2009 PUBLIC 19/02/2009)

Essa decisão do STF merece menção, não por negar o agravo com sede em argumentos processuais constitucionais, mas por carregar a decisão do tribunal inferior que combate a estratégia do empregador que tenta descaracterizar o turno de revezamento, impondo um sistema que parece turno fixo pela variação mensal do horário do turno. Vale indicar que a omissão do lapso temporal para trocar o horário de trabalho do trabalhador, no texto constitucional, não enseja descaracterização do revezamento quando esse ocorre mensalmente.

A partir deste ponto, iniciamos a apresentação de julgados do Tribunal Superior do Trabalho.

AGRAVO DE INSTRUMENTO. FERIADOS TRABALHADOS. PAGAMENTO EM DOBRO. SUPRESSÃO.1. Segundo entendimento desta Corte, a partir da vigência da Lei nº 5.811/72, tornou-se inexigível o pagamento em dobro pelo trabalho em domingos e feriados em regime de

30

turnos ininterruptos de revezamento, pelos empregados da Petrobrás. Precedentes.5.8112. Incidência da Súmula n° 333 e do artigo 896, § 4°, da CLT.896§ 4°CLT3. Agravo de instrumento a que se nega provimento.

(2502008520035010481 250200-85.2003.5.01.0481, Relator: Guilherme Augusto Caputo Bastos, Data de Julgamento: 14/09/2011, 2ª Turma, Data de Publicação: DEJT 23/09/2011)

O primeiro julgado do TST remete à legislação especial de 72, o regime de trabalho do empregado da Petrobras em turno ininterrupto de revezamento, não cabendo nesse regime o pagamento em dobro pelo trabalho em domingos e feriados.

HORAS *IN ITINERE* - A matéria já se encontra pacificada no âmbito desta Corte, no sentido de ser indevido o pagamento de horas *in itinere* aos trabalhadores enquadrados nas disposições da Lei n° 5.811/72. Precedentes. Recurso de revista parcialmente conhecido e provido.- (Processo: RR-34600-08.2003.5.01.0481, data de julgamento: 7/4/2010, Relator Ministro: Horácio Raymundo de Senna Pires, 3ª Turma, data de divulgação: DEJT 23/4/2010.)

HORAS *IN ITINERE*. PETROLEIROS. A Lei n° 5.811/72 dispõe sobre o regime de trabalho dos empregados nas atividades relacionadas à exploração do petróleo, inclusive prevendo a obrigatoriedade da empresa em fornecer transporte gratuito ao empregado. Assim, restando incontroverso, nos autos, que o reclamante integra a categoria dos petroleiros e que, portanto, está regido por legislação especial, não faz jus à percepção de horas *in itinere*. Precedentes da SBDI-1 do TST. desta Corte Superior. Recurso de revista conhecido e provido.- (Processo: RR-506600-09.2001.5.01.0481, data de julgamento: 21/10/2009, Relator Ministro: Vantuil Abdala, 2ª Turma, data de divulgação: DEJT 20/11/2009).

HORAS IN ITINERE. PETROLEIROS. APLICAÇÃO DA LEI 5.811/72. Consoante a jurisprudência desta Corte, o empregado que desempenha atividade em plataforma marítima não faz jus à percepção de horas *in itinere*, em virtude do fornecimento de transporte gratuito pelo empregador, nos termos do nos termos do art. 3°, IV, da Lei 5.811/72. Recurso de revista conhecido e provido, no tema.- (Processo: RR-496500-92.2001.5.01.0481, Relatora Ministra: Rosa Maria Weber, data de julgamento: 9/9/2009, 3ª Turma, data de publicação: 25/9/2009.)

31

O três últimos julgados do TST tratam de outra questão relevante de direito material: o cabimento ou não do pagamento ao trabalhador das horas em trajeto para o trabalho em tela. O entendimento firmado é que não cabe esse pagamento.

> PETROLEIRO. HORAS EXTRAS. TURNOS ININTERRUPTOS DE REVEZAMENTO.LEI N° 5.811/72. APLICABILIDADE. VIOLAÇÃO DO ARTIGO 896 DA CONSOLIDAÇÃO DAS LEIS DO TRABALHO NÃO CONFIGURADA. Irretocável a decisão proferida pela Turma no sentido de não conhecer da revista obreira, uma vez que o Tribunal Regional decidiu a questão em harmonia com o entendimento consagrado no item I da Súmula n.° 391 do TST, no sentido de que - a Lei n.° 5.811/72 foi recepcionada pela CF/88 no que se refere à duração da jornada de trabalho em regime de revezamento dos petroleiros -. Recurso de embargos não conhecido.5.811 896 CONSOLIDAÇÃO DAS LEIS DO TRABALHO5.811CF/88
>
> (7901102220015040203   790110-22.2001.5.04.0203,   Relator: Lelio Bentes Corrêa, Data de Julgamento: 21/05/2009, Subseção I Especializada em Dissídios Individuais,, Data de Publicação: 29/05/2009)

Essa é mais uma decisão que reforça o entendimento pacífico da aplicabilidade da legislação especial 5.811/72, quanto à duração da jornada de trabalho em regime de revezamento dos petroleiros.

> PETROLEIROS. INTERVALO INTERJORNADAS .Apesar de esta Corte ter firmado o entendimento de que a Lei n° 5.811/72, no que se refere à duração da jornada de trabalho em regime de revezamento dos petroleiros, foi recepcionada pela CF/88, na forma da Súmula n° 391, I, a jurisprudência da Corte se firma no sentido de que a referida lei não traz regramento específico em relação ao intervalo interjornadas, razão pela qual se aplica o art. 66 da CLT. A questão atrai a aplicação analógica da Súmula n° 110 e da Orientação Jurisprudencial n° 355 da SDI-1, ambas desta Corte. Incidência da Súmula n° 333 desta Corte e do art. 896, § 4°, da CLT como óbice ao processamento da revista. Recurso de revista não conhecido.5.811CF/8866CLT896§ 4°CLT

(868002420085150126 86800-24.2008.5.15.0126, Relator: Milton de Moura França, Data de Julgamento: 15/06/2011, 4ª Turma, Data de Publicação: DEJT 01/07/2011)

Essa decisão mostra a jurisprudência fechando as lacunas da legislação ao julgar pela aplicação do artigo 66 da CLT na condição que o intervalo interjornada não foi estabelecido na lei 5.811/72. Portanto, vale o intervalo mínimo de 11 horas seguidas de descanso entre jornadas.

ADICIONAL DE RECUPERAÇÃO. MERGULHADORES - EMBARCADOS- POR PERÍODO SUPERIOR A 15 DIAS. ART. 8º DA LEI 5.811/72.8º5.8111. A Lei 5.811/72, no artigo 8º, estabelece o período de 15 dias como tempo máximo para que permaneçam embarcados os empregados que laboram em operações de mergulho saturado.5.8118º2. Revela-se incompatível com tal dispositivo legal a NR 15 no que prevê o período máximo de permanência sob pressão de 28 (vinte e oito) dias, em seu Anexo VI, item 2.10.13.8.3. Prevalece a norma do artigo 8º da Lei 5.811/72, tendo em vista que o Administrador, ao editar referida NR, exorbitou o poder regulamentar ao transpor os limites traçados pela legislação ordinária.8º5.8114. Portanto, a observância da regulamentação descrita na aludida NR não exime o Empregador da contraprestação devida pelo sobretempo, uma vez ultrapassados os 15 dias previstos no artigo 8º da Lei 5.8º5811.5. Recurso de revista de que se conhece e a que se dá provimento.

(4895239619985015555 489523-96.1998.5.01.5555, Relator: Aloysio Silva Corrêa da Veiga, Data de Julgamento: 20/04/2004, 1ª Turma,, Data de Publicação: DJ 13/08/2004.)

O julgado retrotranscrito traz à baila uma questão controvertida: como fica a aplicação da lei 5.811 ao caso dos mergulhadores que realizam atividade de manutenção de tubulações e sondas em plataformas. O empregador prefere a aplicação da NR 15 que estipula um regime de 28 dias de trabalho consecutivo, enquanto isso a legislação especial traz no artigo oitavo o limite de 15 dias. O julgador tomou a decisão favorável ao trabalhador, obrigando o empregador a realizar a contraprestação pelos dias a mais trabalhados.

AGRAVO DE INSTRUMENTO. MERGULHADORES EM SATURAÇÃO. JORNADA DE TRABALHO. Em razão da extrema especialidade e complexidade da atividade de mergulho em saturação, aplica-se ao caso a norma específica, qual seja, NR 15 do MTb, a qual permite a jornada de 28 (vinte e oito) dias. Agravo de Instrumento não provido.

(1282401820045010065   128240-18.2004.5.01.0065,   Relator: José Simpliciano Fontes de F. Fernandes, Data de Julgamento: 10/12/2008, 2ª Turma,, Data de Publicação: DJ 19/12/2008.)

Surge a polêmica com a posição oposta assumida no julgado que teve como relator José Simpliciano Fontes de F. Fernandes. Aplicou-se no caso a NR15 quanto à duração da jornada sob a justificativa de ser um trabalho especializado e complexo. Os julgadores ignoraram a possibilidade da incidência do diploma 5.811.

Encerramos a explanação de jurisprudências do TST e seguimos com as jurisprudências dos Tribunais Regionais do Trabalho.

EMPREGADOS QUE LABORAM EM PLATAFORMAS MARÍTIMAS. LEI Nº 5.811/72. HORAS IN ITINERE. INDEVIDAS.5.811O empregado que labora em plataforma marítima não faz jus às horas de percurso, a que aludem o art. 58 do diploma consolidado e a Súmula nº 90 do c. TST porque o fornecimento de transporte gratuito, em casos tais, não decorre de liberalidade do empregador, mas sim de imposição legal, nos termos do artigo 3º da Lei nº 5.811/72.3º5.811

(1569002320075050027   BA   0156900-23.2007.5.05.0027,   Relator: DALILA ANDRADE, 2ª. TURMA, Data de Publicação: DJ 25/11/2008)

O julgado do Tribunal Regional do Trabalho da 5ª Região afasta o direito de recebimento de horas de percurso, justificando que a concessão de transporte gratuito advém de disposição legal estipulada na lei 5.811/72.

LEI 5.811/72. APLICAÇÃO A EMPREGADO DE PRESTADORA DE SERVIÇO DA PETROBRÁS. TRABALHO EM PLATAFORMA MARÍTIMA. NORMA COLETIVA. REGIME 12X12. INEXISTÊNCIA

DE HORAS EXTRAS.5.811A Lei 5.811/72 se aplica ao trabalhador de empresa que presta serviço a PETROBRÁS, quando provado que este laborava em escala de 14 dias de labor por 14 dias de folga, em plataforma marítima daquela tomadora. Assim, havendo previsão em norma coletiva a respeito do regime de trabalho 12 x 12 e confissão real do Obreiro no sentido de que laborava nesse sistema, não há que se falar em horas extras.5.811

(996001320065050133 BA 0099600-13.2006.5.05.0133, Relator: DÉBORA MACHADO, 2ª. TURMA, Data de Publicação: DJ 17/09/2009)

O segundo julgado do TRT da 5ª região decide pela aplicação da lei 5.811/72 ao empregado terceirizado, mesmo a lei mencionando apenas empregado. A justificativa está no enquadramento do trabalhador às condições impostas pelo regime da lei. Identificado o regime no diploma de 5.811 em turno de 12 horas e escala de 14 dias de labor por 14 dias de folga, são negadas as horas extras.

Registramos o comentário que o regime da legislação especial não prevê o pagamento de horas extras em seus 13 artigos. Seria benéfica para o trabalhador a inclusão na lei de disposição expressa sobre esse tema omitido e outros, a fim de evitar deixar para a jurisprudência afirmar posições muitas vezes contrárias ao interesse do hipossuficiente na relação de trabalho.

LEI Nº 5.811/725.811- Os petroleiros que prestam serviços em atividade de exploração de petróleo (exploração, produção, perfuração e refino) estão sujeitos à Lei nº 5.511/72, que disciplina o trabalho em turno de revezamento prevendo compensação trabalho/folga e não têm direito as horas extras postuladas com fulcro na jornada de 6 horas. A hodierna Carta Magna recepcionou citada lei de regime de trabalho especial sendo, pois, eficaz e válida. Carta Magna

(505006020035050015 BA 0050500-60.2003.5.05.0015, Relator: LUIZ TADEU LEITE VIEIRA, 1ª. TURMA, Data de Publicação: DJ 06/09/2004)

Em outra jurisprudência do TRT da 5ª região, encontramos a tentativa frustrada do petroleiro de conseguir horas extras com base na diferença entre a jornada constitucional e a jornada vivenciada, que se molda ao diploma legal 5.811/72.

O julgador opta pela interpretação que a lei anterior à Constituição foi recepcionada por esta. Essa é mais uma decisão conservadora, que se distancia da visão doutrinária inovadora de Vólia Bonfim Cassar[34], alinhada com a aceitação da jornada de 6 horas de índole constitucional.

> PLATAFORMA MARÍTIMA. EMPREGADO. LEI N. 5.811/72. APLICAÇÃO. A LEI N.5.811/72 APLICA-SE AOS EMPREGADOS QUE TRABALHAM NAS ATIVIDADES DE EXPLORAÇÃO, PERFURAÇÃO, PRODUÇÃO E REFINAÇÃO DE PETRÓLEO, INDUSTRIALIZAÇÃO DO XISTO, INDÚSTRIA PETROQUÍMICA E TRANSPORTE DE PETRÓLEO E SEUS DERIVADOS POR MEIO DE DUTOS (ART. 1º). PORTANTO, MESMO SENDO A RECLAMADA UMA EMPRESA QUE TEM POR OBJETO A "REALIZAÇÃO DE ANÁLISES QUÍMICAS E LABORATORIAIS DOS MAIS DIVERSOS PRODUTOS, ASSESSORANDO A PROFISSIONAIS E EMPRESAS MEDIANTE A ELABORAÇÃO DE RELATÓRIO DE INFORMAÇÕES E DE INTERPRETAÇÃO DE DADOS, TREINAMENTO E CONSULTORIA EM TECNOLOGIAS AVANÇADAS.", CONFORME ESTATUTO SOCIAL CARREADO ÀS FLS. 52, E EXERCENDO O AUTOR A FUNÇÃO DE BIÓLOGO, OS PERÍODOS EM QUE A DESENVOLVEU EM ATIVIDADES PARA A EXPLORAÇÃO, PRODUÇÃO E REFINAÇÃO DE PETRÓLEO, OU SEJA, EMBARCADO, COMO DENUNCIAM OS DOCUMENTOS TRAZIDOS À COLAÇÃO E COMO RESTA INCONTROVERSO, SÃO APLICÁVEIS AS REGRAS PREVISTAS NA LEGISLAÇÃO INVOCADA (LEI N. 5.811/72).
>
> (363200500801003 RJ 00363-2005-008-01-00-3, Relator: MARIA DE LOURDES D' ARROCHELLA LIMA SALABERRY, Julgamento: 04/03/2008, TURMA 8, Publicação: DE 13/03/2008, DORJ)

Em outra decisão, agora do Tribunal Regional do Trabalho da 1ª Região, aplica-se o regime da legislação especial 5.811/72, pois o trabalhador exercendo função de biólogo adentrou nos requisitos legais do referido diploma para ter o seu trabalho reconhecido como

---

[34] CASSAR, Vólia Bonfim. *Direito do Trabalho*. 3ª ed. Niterói: Impetus, 2009, p.641.

no regime dessa lei. Um ponto essencial e que fica claro na ementa é a verificação do cumprimento do requisito de exercício de trabalho embarcado.

> HORAS EXTRAS - TRABALHO EM PLATAFORMA MARÍTIMA.O trabalho executado em plataforma marítima é regulado pela Lei 5811/72 que limita os dias e horas trabalhadas, não se aplicando as normas gerais da CLT. Observada rigorosamente a Lei especifica, não há se falar, nesse caso, em horas extraordinárias. Recurso conhecido e parcialmente provido.5811CLT
>
> (1736005120055070007 CE 0173600-5120055070007, Relator: MANOEL ARÍZIO EDUARDO DE CASTRO, Data de Julgamento: 12/06/2006, PLENO DO TRIBUNAL, Data de Publicação: 30/06/2006 DOJT 7ª Região)[35]

O julgado em tela do TRT da 7ª região afasta a aplicação das normas gerais da CLT que preveem o pagamento de horas extraordinárias e fica com o entendimento do diploma 5.811/72 que rege o trabalho em plataforma marítima.

> PETROBRÁS. SUPRESSAO DE DIREITO ASSEGURADO EM LEI. INVÁLIDA.A despeito da terminologia utilizada no acordo coletivo sub examen, de supressão "definitiva", temos que é expressamente vedada, por lei, a vigência de norma coletiva por lapso superior a 2 anos (parágrafo 3°, art. 614, CLT).Não bastasse, é impossível validar renúncia coletiva e definitiva de direito garantido por lei, ainda que pela via negocial. Ademais, a Lei 5.811/72, que "Dispõe sobre o regime de trabalho dos empregados nas atividades de exploração,perfuração, produção e refinação de petróleo..."não veda a remuneração em dobro dos feriados trabalhados e não compensados, apenas por não mencioná-los. Continua vigente a regra geral insculpida na Lei 605/49, sendo certo que a lei especial não revoga a lei geral (LICC). Assim,onde omissa a lei especial, aplica-se a regra geral. Assim,os empregados da Petrobrás seguem tendo direito à remuneração em dobro dos feriados trabalhados e não compensados,pelo não poderiam ter sido suprimidos como ocorreu no ano de 1998. Em que pese a existência de pactuação coletiva,esta, todavia, afigura-se inválida, no particular,ao prever supressão definitiva de direito

---

[35] Disponível em: < http://www3.trt7.jus.br/consultajuris/integra.aspx?opcao=197846>. Acesso em 10 de Junho de 2012.

assegurado por lei federal. A autonomia privada coletiva não autoriza a utilização perversa da via negocial com vistas a obter a destruição (eterna, in casu) do patrimônio jurídico dos trabalhadores. A atuação dos sindicatos se dá sob o pálio do art. 513, a, da CLT e inciso III do art. 8º da Constituição Federal, aliados ao caput do artigo 7ª da Carta Política,incumbindo-lhes a defesa dos direitos interesses individuais e coletivos das respectivas categorias com vistas à melhoria da condição social dos representados. Assim, não podem tais entidades de classe subverter seus fins, elaborando acordos ou convenções que suprimem definitivamente direitos, mormente os legalmente previstos. Justamente por isto que o legislador impôs prazo de vigência não superior a dois anos, para os instrumentos de negociação, de modo a evitar a perenização de prejuízos. Aqui, nem mesmo se trata de ultratividade de norma coletiva, eis que não se encontra em discussão a implção de condições para aquisição de determinado direito, durante a vigência de norma coletiva postcriormente revogada. A questão, aqui, é de supressão definitiva de direito assegurado em lei, o que repugna ao Direito do Trabalho. 614 CLT 5.811 605 LICC 513 CLT 8º Constituição Federal 7ª Carta Política

(1965200844302005 SP 01965-2008-443-02-00-5, Relator: RICARDO ARTUR COSTA E TRIGUEIROS, Data de Julgamento: 29/09/2009, 4ª TURMA, Data de Publicação: 23/10/2009)[36]

O acórdão da 4ª turma do TRT da 2ª Região apresenta decisão que impede que por meio de acordo coletivo seja afastada norma de ordem pública, deixando evidente que a entidade de classe representativa dos interesses do trabalhador não pode ir contra sua natureza fim, rompendo com a busca dos interesses individuais e coletivos das categorias.

A ementa retrata um caso concreto de validade do regime da lei 5.811/72, onde prevalece na decisão o pagamento em dobro dos feriados trabalhados e não compensados, mesmo a convenção coletiva pactuando pela supressão desse direito disposto na Lei geral 605/49.

O artigo 9º da lei 605/49 assim dispõe:

> Art. 9º Nas atividades em que não for possível, em virtude das exigências técnicas das empresas, a suspensão do trabalho, nos dias feriados civis e religiosos, a remuneração será paga em dobro, salvo se o empregador determinar outro dia de folga.

---

[36] Disponível em: < http://www.trtsp.jus.br/Geral/Consulta/Jurisprudencia/Ementas/020090850879.html>. Acesso em 10 de Junho de 2012.

No caso suscitado, os fatos se compatibilizam com a norma abstrata apresentada. Não há dúvida que o trabalho em turno ininterrupto de revezamento, para alcançar o máximo de efetividade no uso das instalações industriais, depende da presença constante daqueles que estão nas turmas de trabalho, portanto, na hipótese de não ser possível a suspensão das atividades, aplica-se a regra do artigo 9° supracitado.

> LEI 5.811/72. PETROLEIROS. TURNOS ININTERRUPTOS DE REVEZAMENTO. CONSTITUIÇÃO FEDERAL DE 1988. NAO-RECEPÇAO.5.811CONSTITUIÇÃO FEDERALO inciso XIV do art. 7° da Constituição Federal (que fixa em seis horas a jornada para o trabalho prestado em turnos ininterruptos de revezamento) não recepcionou as disposições da Lei 5.811/72 que estabelecem à hipótese jornada maior para os petroleiros e para aqueles que trabalham em plataforma marítima. (...)XIV 7° Constituição Federal 5.811
>
> (1767004219985040201 RS 0176700-42.1998.5.04.0201, Relator: MILTON VARELA DUTRA, Data de Julgamento: 22/11/2001, 1ª Vara do Trabalho de Canoas)[37]

O julgado do TRT da 4ª região, Rio Grande do Sul, aparentemente inova por aplicar a norma constitucional no que diz respeito à jornada reduzida em turno de revezamento ininterrupto. Interessante notar que na discussão de mérito do recurso ordinário encontramos os seguintes comentários, que merecem estar nessa monografia:

MÉRITO

1. RECURSO ORDINÁRIO DA RECLAMADA

1.1. HORAS EXTRAS. PERÍODO 1995/96

> É incontroverso nos autos que o autor trabalhou para a reclamada como Auxiliar de Segurança de 05.02.86 a 19.04.99.

---

[37] Disponível em: <http://gsa3.trt4.jus.br/search?q=cache:CM2_28BCEssJ:iframe.trt4.jus.br/nj4_jurisp/jurispnovo.ExibirDocumentoJurisprudencia%3FpCodAndamento%3D5320948+inmeta:DATA_DOCUMENTO:2001-06-10..2012-06-10+petrobras+5.811/72++&client=jurisp&site=jurisp&output=_xml_no_dtd&proxystylesheet=jurisp&ie=UTF-8&lr=lang_pt&access=p&oe=UTF-8>. Acesso em 10 de Junho de 2012.

Alegou o autor, na inicial, que, de setembro/94 a agosto/96, mesmo inexistindo Acordo ou Convenção Coletiva de trabalho, a jornada prestada em turnos ininterruptos de revezamento superava de seis horas, em afronta ao preceito constitucional contido no inciso XIV do art. 7º. Postulou como extras as horas trabalhadas além da sexta diária, com reflexos.

A defesa sustentou que, até setembro/93, havia Acordo Coletivo entre as partes disciplinado a matéria e estabelecendo jornada trabalhada em turnos de revezamento de oito horas e carga semanal de 33,6 horas. Que, de set/94 a ago/95 foi ajuizado Dissídio Coletivo, resultando estabelecida igual carga horária em sentença normativa. De set/95 a ago/96, frustradas as tratativas, continuaram sendo observadas as normas anteriores. A partir de set/96 já vigorava novo Acordo Coletivo entre as partes de semelhante teor do antes mencionado - oito horas diárias e 33,6 semanais -. Afirma aplicável ao reclamante a Lei 5.811/72, especial dos petroleiros, e não a norma constitucional, genérica, e menos favorável ao reclamante. Afirma aplicável a ultra-atividade das decisões normativas havidas entre as partes. Requereu a compensação com os adicionais previstos na lei e as folgas efetivamente gozadas.

O juízo de origem entendeu, fundamentalmente, aplicável a Lei 5.811/72, mas não quanto à duração dos turnos, que é dada pela norma constitucional. Como inexistente outra norma para disciplinar a jornada de 1º de setembro/95 a 31 de agosto/96, deferiu como extras as horas excedentes da sexta diária, com adicional de 50%, considerados os dias efetivamente trabalhados, e reflexos.

Inconformada, a reclamada reedita a tese da defesa. Requer a aplicação de ultra-atividade das regulamentações coletivas para o período 1995/96, e que o autor trabalhou neste período em jornada de oito horas permitidos pela Lei 5.811/72, que regula a categoria de petroleiros.

Sem razão a reclamada.

A observância da vigência das normas integra o princípio da legalidade. E, conferir-lhes ultra atividade fere princípio fundamental. Além disso as cláusulas de normas coletivas não integram o contrato individual de trabalho.

Por outro lado, a compatibilidade de uma lei com a constituição faz-se por artigos, não em bloco, como bem decidido pelo julgador de origem. Assim, o fato de a Lei 5.811/72 conter disposições favoráveis aos petroleiros não faz inaplicável o dispositivo constitucional que limita a jornada de turnos de revezamento em seis horas. Reprisa-se, a verificação da compatibilidade se faz dispositivo por dispositivo e não em bloco. E o dispositivo da referida lei, ao estabelecer jornada de revezamento de 8 horas ou 12, como mencionado, evidentemente não é mais favorável que a norma constitucional de estabelece limite de seis horas. Note-se que a referida lei disciplina trabalho dos petroleiros em condição especial.[38]

A discussão do mérito permite concluir que não se trata de trabalho embarcado, mas de obreiro que trabalhou em regime de revezamento ininterrupto de 8 horas e durante o período trabalhado não havia convenção coletiva a tutelar o interesse do empregador, portanto, a empresa ficou exposta a aplicação plena e imediata da regra constitucional que prescreve a jornada de 6 horas, o que concorda o tribunal.

Chegamos ao fim da apresentação da jurisprudência dos tribunais concluindo que os tribunais preferiram a aplicação de uma interpretação consoante à Súmula 391 do TST. Ou, no caso de inexistência da Súmula, antes de Abril de 2005, uma interpretação sistemática e literal da lei especial 5.811/72 conjugada com o dispositivo constitucional, artigo 7°, inciso XIV.

Quando parece que encontramos algo diferente no Tribunal Regional do Trabalho do Rio Grande do Sul, notamos que não havia a vigência de acordo de âmbito coletivo, firmando disposição de jornada de 8 horas, a fim de se evitar a previsão de 6 horas da Constituição Federal. O caso concreto era mais complexo que a mera leitura da ementa poderia nos fazer crer.

Encontramos algumas polêmicas como o caso dos mergulhadores que realizam atividades importantes para a plataforma. Em julgado se entende pela aplicação do diploma legal 5.811/72 e, em outro, aplica-se uma norma regulamentadora e afasta-se a incidência da legislação de 72.

Vimos que por ausência de disposições sobre alguns institutos de direito material do trabalho, fica o julgador responsável por completar lacunas da legislação especial para garantir satisfação da demanda judicial. Um exemplo onde isso fica nítido é o caso do

---

[38] Disponível em: <http://gsa3.trt4.jus.br/search?q=cache:CM2_28BCEssJ:iframe.trt4.jus.br/nj4_jurisp/ jurispnovo.ExibirDocumentoJurisprudencia%3FpCodAndamento%3D5320948+inmeta:DATA_DOCUMEN TO:2001-06-10..2012-06-10+petrobras+5.811/72++&client=jurisp&site=jurisp&output=_xml_no_dtd& proxystylesheet=jurisp&ie=UTF-8&lr=lang_pt&access=p&oe=UTF-8>. Acesso em 10 de Junho de 2012.

intervalo interjornada, que na omissão da lei 5.811/72 remete o julgador para a CLT, a fim de prestar serviço jurisdicional.

Outro destaque é o trabalho do terceirizado que foi protegido pela lei 5.811/72, apesar da mesma não conhecer essa espécie de trabalhador em suas disposições. Finalmente, vemos que há algumas tentativas em vão de se discutir a jornada de 6 horas no âmbito do STF, mas associadas a peças que são rejeitadas preliminarmente por falhas de direito processual constitucional.

4 DO PROJETO DE LEI 3765/2008

Em primeiro lugar, vamos apresentar na íntegra o texto normativo proposto através desse projeto e, após isso, fazer os comentários pertinentes:

PROJETO DE LEI Nº   3765   , DE 2008

(Do Sr. JORGE BITTAR)

Altera a Lei n.º 5.811, de 11 de outubro de 1972, para assegurar a jornada de turnos ininterruptos de revezamento, estabelecida no inciso XIV do Art. 7º da Constituição Federal, aos trabalhadores abrangidos por esta legislação especial, e garantir o âmbito de aplicação dessa legislação a todos os que prestem serviços sob o regime de embarque e confinamento, como empregados ou como trabalhadores terceirizados.

O Congresso Nacional decreta:

Art. 1º O Art. 1º da Lei n.º 5.811, de 11 de outubro de 1972, que "dispõe sobre o regime de trabalho dos empregados nas atividades de exploração, perfuração, produção e refinação de petróleo, industrialização do xisto, indústria petroquímica e transporte de petróleo e seus derivados por meio de dutos", fica acrescido do seguinte parágrafo único:

"Art. 1º ....

Parágrafo único. Inclui-se no âmbito de aplicação desta lei os demais empregados e trabalhadores terceirizados que prestem serviços em regime de embarque e confinamento, ainda que em atividades não inseridas nas descritas no 'caput' deste artigo, como as ligadas a projetos de construção e montagens."

Art. 2° O Art. 5° da Lei n.° 5.811, de 11 de outubro de 1972, passa a vigorar com a seguinte redação:

"Art. 5° Sempre que for imprescindível à continuidade operacional durante as vinte e quatro horas do dia, poderá ser mantido no regime de sobreaviso o trabalhador:

I – com responsabilidade de supervisão das operações previstas no 'caput' do art. 1°;

II – engajado em trabalhos:

a) de geologia de poço;

b) de apoio operacional às atividades enumeradas no § 1° do art. 2°;

c) sob regime de embarque e confinamento, nos termos do parágrafo único do Art. 1°.

§ 1° Entende-se por regime de sobreaviso aquele que o empregado permanece à disposição do empregador por um período de vinte quatro horas para prestar assistência aos trabalhos normais ou atender as necessidades ocasionais de operação.

§ 2° Em cada jornada de sobreaviso, o trabalho efetivo não excederá de seis horas." (NR).

Art. 3° O inciso I do Art. 6° da Lei n.° 5.811, de 11 de outubro de 1972, passa a vigorar com a seguinte redação:

"Art. 6° ....

I – Repouso de trinta e seis horas consecutivas para cada período de vinte quatro horas em que permanecer de sobreaviso;" (NR).

Art. 4° Esta Lei entra em vigor na data de sua publicação.

O projeto de lei 3765/2008 propõe alterações em artigos da lei de 72 que são de nosso interesse. Em primeiro lugar, há a ampliação do rol de beneficiados pela lei, alcançando trabalhadores terceirizados que prestem serviços em regime de embarque e confinamento. A lei de 72 fala somente do empregado.

Outro ponto é que há uma evolução do direito contido no art. 7°, inc. XIV, da CF/88 que dispõe que a jornada é de seis horas para o trabalho realizado em turnos ininterruptos de revezamento, salvo negociação coletiva. Com a nova lei temos um direito bem definido e não algo que pode ser sobreposto por negociação coletiva. Há uma norma de ordem pública, que não pode ser afastada por disposição de vontade.

Na justificativa do Projeto de Lei[39], discussão é aberta mencionando que o intérprete da legislação ordinária ignorou a vontade do legislador constituinte que pretendia normatizar uma norma de ordem pública, a fim de garantir ao trabalhador um turno menor para preservação da saúde, pois os turnos se alternam de noite, tarde e manhã, tendo impacto na saúde do trabalhador. Conforme bem sustentado pelo Ministro Luciano de Castilho, vencido naquela Corte:

> A intenção do legislador constituinte foi amparar o trabalhador que, dada a rotineira variação de horário de trabalho, sofre prejuízo em relação ao convívio social e familiar e tem sobrecarga maior de desgaste físico, com agressão natural ao seu ciclo biológico, principalmente em face da perda de parte do tempo costumeiramente destinado ao descanso noturno. (ERR 707444/02.2).

Uma consequência visível, se materializado em lei esse projeto, é que as duas turmas de trabalho de doze horas vão ser substituídas por pelo menos quatro turmas de seis horas, reduzindo pela metade o esforço do empregado acostumado com uma jornada de doze horas e duplicando o número de trabalhadores para manter ininterruptas as atividades industriais.

Outro ponto de atenção é a modernização da legislação pátria com a inclusão do terceirizado. Todavia, no afã de expandir direitos a esse tipo de trabalhador, provoca-se a legitimação da prática de terceirização que pode alcançar funções fins da empresa, o que é indesejável sob o ponto de vista pró-sociedade de se evitar a precarização dos postos de trabalho.

Observe que as atividades que são tratadas no diploma 5.811/72 são predominantemente focadas nas atividades fins da empresa. São tão imprescindíveis que precisam ser ininterruptas e ter turmas de revezamento para manutenção da operação industrial. Seria uma lacuna do projeto de lei? Acreditamos que sim.

---

[39] Disponível em <http://www.camara.gov.br/proposicoesWeb/fichadetramitacao?idProposicao=_405372>. Acesso em: 2 de Outubro de 2011.

5 EXEMPLO DE ACORDO COLETIVO DE TRABALHO

De praxe, as empresas, que exploram a atividade de extração de óleo e gás no mar, adotam regimes de trabalho com jornadas de 12 horas em plataformas, protegidas por acordos de trabalho coletivo que preveem essa prática e firmando seu entendimento jurídico na previsão do artigo 7°, inciso XIV, de nosso diploma constitucional. Vale sublinhar que a regra constitucional permite exceções para o regime de turno ininterrupto de revezamento de 6 horas desde que essas exceções sejam pactuadas em convenção coletiva.

Apresentamos avante trechos da convenção coletiva de trabalho de 2011 da sociedade de economia mista Petrobras[40] com grifo nosso:

ACORDO COLETIVO DE TRABALHO 2011

Companhia Acordante Petróleo Brasileiro S/A - PETROBRAS, sociedade de economia mista, com sede na Avenida República do Chile, 65, Rio de Janeiro - RJ.

Sindicatos Acordantes

Federação Única dos Petroleiros e Sindicatos representativos da categoria profissional dos trabalhadores na indústria da refinação e destilação do petróleo, dos trabalhadores na indústria de extração do petróleo e dos trabalhadores na indústria química e petroquímica do Estado da Bahia.

Petróleo Brasileiro S/A - PETROBRAS, doravante denominada Companhia, neste ato representada pelo Gerente Executivo de Recursos Humanos, Diego Hernandes, a Federação Única dos Petroleiros – FUP e

---

[40] Disponível em: <http://www.fup.org.br/downloads/campanha_reivindicatoria_act_2011_fup.pdf>. Acesso em: 9 de Junho de 2012.

os Sindicatos da categoria profissional dos trabalhadores na indústria da refinação e destilação do petróleo, dos trabalhadores na indústria da extração do petróleo e dos trabalhadores na indústria química e petroquímica do Estado da Bahia, doravante denominados Sindicatos, por seus representantes devidamente autorizados pelas Assembléias Gerais, realizadas nos termos do artigo 612 da Consolidação das Leis do Trabalho, firmam, nesta data, o presente Acordo Coletivo de Trabalho.

(...)

Cláusula 96ª – Jornada de Trabalho - Turno Ininterrupto de Revezamento

Em atendimento ao inciso XIV do artigo 7º da Constituição Federal, a carga semanal do pessoal engajado no esquema de turno ininterrupto de revezamento é de cinco grupos de turnos, com jornada de 8 (oito) horas diárias e carga semanal de 33,6 (trinta e três vírgula seis) horas, sem que, em consequência, caiba pagamento de qualquer hora extra, garantido, porém, o pagamento dos adicionais de trabalho noturno, hora de repouso e alimentação e periculosidade, quando couber.

Parágrafo único - Nas Unidades onde sejam praticadas cargas diárias ou semanais diferentes da estabelecida no caput, a Companhia respeitará, enquanto os empregados não manifestarem desejo de modificá-la.

Cláusula 98ª – Jornadas de Trabalho

A Companhia continuará praticando as jornadas de trabalho específicas a cada regime, conforme descritas na tabela a seguir.

Regime de Trabalho	Jornada Diária	Carga de trabalho semanal	Total de horas mensais	Relação Trabalho x folga
Administrativo	8h	40h	200h	5 x 2
Administrativo – Categoria Diferenciada (Assistente	6h	30h	150h	5 x 2

Administrativo - Categoria Diferenciada (Médico, Dentista, Operador de Radiotelefonia)	6h	36h	180h	6 x 1
Especial de Campo	12h	33h 36min	168h	1 x 1,5
Sobreaviso	12h	33h 36min	168h	1 x 1,5
Turno Ininterrupto de Revezamento (TIR)	6h	33h 36min	168h	4 x 1
	8h	33h 36min	168h	3 x 2
	12h	**33h 36min**	**168h**	**1 x 1,5**

A cláusula 98 contém uma tabela que inclui o regime de 12 horas de turno de revezamento ininterrupto com relação de trabalho por folga de 1 para 1,5, o que é melhor que a disposição legal do diploma 5.811/72, porém somente beneficia empregados da Petrobras, não alcançando os prestadores de serviço que trabalham com relação de trabalho por folga de 1 para 1 nos ditames do diploma supracitado.

Apesar de não tratar do trabalho em plataformas marítimas, incluímos a cláusula 96, pois seu texto demonstra a preocupação da empresa de atender o requisito imposto pelo artigo 7º da Constituição, inciso XIV, que somente permite exceção à jornada de 6 horas se convencionado em acordo coletivo. Caso não houvesse essa previsão no acordo coletivo, a empresa estaria vulnerável juridicamente a reconhecer como horas extras as 2 horas a mais do regime de turno ininterrupto de revezamento de 8 horas. Ao que parece, a empresa está atenta à jurisprudência pacificada dos tribunais.

6 CONSIDERAÇÕES FINAIS

Em um país que se solidifica como potência petrolífera com a elevação considerável das reservas, o trabalho do petroleiro em plataformas ganha mais atenção e novos contornos, o que enseja um estudo que detalhe as relações trabalhistas que se configuram nesse contexto.

Apesar da evolução e aprofundamento das relações trabalhistas em plataforma desde os anos 70, a legislação ordinária ficou desatualizada e se mostrou desconhecedora das mudanças ocorridas nos últimos quarenta anos. Vamos encontrar uma legislação trabalhista no diploma 5.811 que menciona somente o trabalhador empregado, em detrimento de uma visão mais ampla que deve abarcar o terceirizado.

Não podemos esquecer que tal trabalhador faz parte das relações trabalhistas em plataforma, merecendo atenção do legislador para sua tutela nos mesmos níveis que o empregado sob o risco de se efetivar uma nova forma de segregação de pessoas, que não deve ser admitida pelo nosso Estado de Direito fundado em normas constitucionais de alto teor valorativo humano.

Registramos a falha da legislação especial 5.811/72, que omite institutos trabalhistas importantes como o intervalo interjornada e o pagamento de horas extras, o que torna a lei deficitária e obscura, deixando para a jurisprudência o dever de se posicionar sobre suas lacunas.

Se o legislador ordinário pretendia que o regime de turno ininterrupto de revezamento não permitisse a possibilidade de horas extras, isso deveria ter sido expresso em algum dispositivo legal. O que se observa nas jurisprudências estudadas é que, para o trabalhador, a litigância com o empregador se revela insegura em razão das diferentes interpretações que podem ser construídas, dependendo da fonte normativa utilizada, já que há algumas ausências de posicionamento do diploma 5.811/72.

O trabalho do petroleiro embarcado continua sendo regido pelo diploma legal de 1972, que prevê uma série de benefícios para compensar os turnos exaustivos de 12 horas com trabalho seguindo regimes de 14 dias trabalhados por 14 dias de folga nas empresas privadas e de 14 dias trabalhados por 21 dias na Petrobras, que trata disso em convenção coletiva.

Se vingar, o projeto de lei 3765/2008 vai atualizar o diploma legal 5.811, após quatro décadas de evoluções sociais. Concluímos que a lei derivada desse projeto mantém a dependência da recepção da lei 5.811 pela Constituição, conforme o inciso I da Súmula 391. Portanto, não entra em conflito com esse entendimento jurisprudencial.

A tentativa de alteração da legislação ordinária alarga claramente os benefícios para o trabalhador em plataforma que poderá ter mais tempo de convívio familiar, no caso do terceirizado e do empregado não Petrobras embarcados, cuja relação trabalho e folga aumenta para o padrão do empregado Petrobras. Adicionalmente, o trabalhador estará menos tempo exposto a condições adversas à sua saúde. No caso, vale para todos os trabalhadores em plataforma que passam da jornada de 12 horas para a de metade dessas horas.

O cenário logístico que se configura é a exigência de se adequar as plataformas para receber um maior número de pessoas, o que depende da criação de mais espaço para dormitórios e instalações de convívio pessoal. Esse é um desafio de reengenharia das plataformas e de sua logística, que envolve também o aumento do uso de aeronaves para o transporte dos obreiros.

Se aprovado o projeto de lei, o empregador ainda dependerá de um tempo para se adaptar às mudanças, o que não está previsto nesse projeto e, ainda, aumentará seu custo com pessoal, transporte para as plataformas e manutenção de instalações industriais. Observamos que impera no projeto a vontade de beneficiar os trabalhadores embarcados em detrimento dos custos industriais associados a esses benefícios. Isso reflete um realinhamento da relação de trabalho para alargar a proteção ao trabalhador.

Finalmente, para concluirmos, identificamos uma fragilidade no projeto de lei quanto à sua recepção pelo ordenamento jurídico brasileiro e jurisprudência. Como o projeto revigora texto normativo, há a abertura para a rediscussão da recepção da lei 5.811 alterada. Se mudar o entendimento jurisprudencial e cair o inciso I da Súmula 391, que situação fica a lei 5.811 modificada? Ainda nessa vertente, se for editada Súmula em sentido de rejeitar a recepção constitucional da referida lei, a lei 5.811 modificada perde seu alcance, valendo a disposição constitucional, que é frágil pela permissão de disposição coletiva valer como definidora da jornada de trabalho.

O ideal seria uma alteração constitucional, que removesse o texto relativo a possibilidade de acordo coletivo prevalecer sobre a jornada constitucional de 6 horas. Esse, realmente, seria um meio de fazer valer o interesse de beneficiar os trabalhadores de uma forma mais efetiva. Para completar, os outros benefícios legais previstos no projeto de lei poderiam estar registrados em nova lei especial, que revogasse a lei anterior. Esse parece ser o quadro normativo ideal, porém comporta debates jurídicos, inclusive pela dificuldade legislativa de alteração constitucional.

7 REFERÊNCIAS BIBLIOGRÁFICAS

BITTAR, Jorge. Projetos de Lei e outras proposições. PL 3765/2008. Disponível em <http://www.camara.gov.br/proposicoesWeb/fichadetramitacao?idProposicao=40537 2>. Acesso em: 02 de Outubro de 2011.

BRASIL. **Supremo Tribunal Federal**. Disponível em: <http://www.stf.jus.br/portal/jurisprudencia/pesquisarJurisprudencia.asp>. Acesso em: 9 de Junho de 2012.

BRASIL. **Tribunal Superior do Trabalho.** Disponível em: <http://aplicacao5.tst.jus.br/consultaunificada2/>. Acesso em 9 de Junho de 2012.

BRASIL. **Tribunal Regional do Trabalho da 1ª Região. Disponível em:** <http://www.trt5.jus.br/default.asp?pagina=acordaoConsultaInicial>. Acesso em 10 de Junho de 2012.

BRASIL. **Tribunal Regional do Trabalho da 2ª Região. Disponível em:** <http://gsa2.trtsp.jus.br/search?q=&btnG=Buscar&partialfields=&si=&client=trt2Jurisprudencia&output=xml_no_dtd&proxystylesheet=trt2Jurisprudencia&entqr=3&lr=lang_pt&oe=UTF-8&ie=UTF-8&ud=1&filter=0&getfields=*&site=jurisprudencia&sort= d ate %3AD%3AR%3Ad1>. Acesso em 10 de Junho de 2012.

BRASIL. **Tribunal Regional do Trabalho da 4ª Região. Disponível em:** <http://www.trt4.jus.br/portal/portal/trt4/consultas/jurisprudencia/acordaos>. Acesso em 10 de Junho de 2012.

BRASIL. **Tribunal Regional do Trabalho da 5ª Região. Disponível em:** <http://www.trt5.jus.br/default.asp?pagina=acordaoConsultaInicial>. Acesso em 10 de Junho de 2012.

BRASIL. **Tribunal Regional do Trabalho da 7ª Região. Disponível em:** <http://www3.trt7.jus.br/consultajuris/pesqacordao.aspx>. Acesso em 10 de Junho de 2012.

CARVALHO, Laura N. de. Como elaborar um projeto de pesquisa. Niterói, 2011.

CASSAR, Vólia Bomfim. Direito do Trabalho. Niterói: Impetus, 3ª edição, 2009.

Como é a vida em uma plataforma de petróleo. Disponível em <http://unbcoffshore.blogspot.com.br/2011/03/como-e-vida-em-uma-plataforma-de._html>. Acesso em: 13 de Maio de 2012.

COSTA, Armando Casimiro, FERRARI, Irany e MARTINS, Melchíades Rodrigues, CLT-LTr 2011. São Paulo: LTr, 38ª edição, 2011.

FERREIRA, Ivan da Costa Alemão. Curso de Direito do Trabalho. São Paulo: LTr, 2004.

JUSBRASIL. Disponível em: <http://www.jusbrasil.com.br/jurisprudencia>. Acesso em: 9 de Junho de 2012.

MARANHÃO, Délio. Direito do Trabalho. Rio de Janeiro: Editora da Fundação Getúlio Vargas, 16ª edição, 1992.

MARANHÃO, Délio; Süsseking, Arnaldo; Vianna, Segadas; e Teixeira Filho, João de Lima. Instituições de Direito do Trabalho, vol. II. São Paulo: LTr, 16ª edição, 1996.

NASCIMENTO, Amauri Mascaro. Iniciação ao direito do trabalho. São Paulo: LTr, 34ª edição, 2009.

PETROBRAS. Acordo Coletivo de Trabalho 2011. Disponível em <http://www.fup.org.br/downloads/campanha_reivindicatoria_act_2011_fup.pdf>. Acesso em: 9 de Junho de 2012.

PINTO, Raymundo Antonio Carneiro. Súmulas do TST Comentadas. São Paulo: LTr, 11ª edição, 2010.

QUEIROZ, Victor Santos. A dignidade da pessoa humana no pensamento de Kant. Da fundamentação da metafísica dos costumes à doutrina do direito. Uma reflexão crítica para os dias atuais. Jus Navigandi, Teresina, ano 10, n. 757, 31 jul. 2005. Disponível em: <http://jus.com.br/revista/texto/7069>. Acesso em: 8 de Junho de 2012.

SILVA, Derly Mauro Cavalcante da. Lições Práticas de Direito do Trabalho. Rio de Janeiro: Editora Freitas, 2ª edição, 2004.

SILVA, José Afonso da. Curso de Direito Constitucional Positivo. São Paulo:Malheiros, 30ª edição, 2008.